«Hay ciertos autores que vale la pena leer sencilla[...] pintan obras maestras que, aunque solo sean tin[...] simplemente brillan de color y belleza. Si *Tu Dios es demasia[...]* meramente una bella muestra de orfebrería verbal, sería una lectura que valdría la pena y algo profundamente satisfactorio. Pero no es solo eso. Es un retrato del amor y la humildad de un Dios —nuestro Dios—, que está cerca de «los más pequeños». En otras palabras, está cerca de nosotros. Es un Dios al que, por desgracia, muchos en la Iglesia moderna han sustituido por un ídolo de poder y altivez. Durante la lectura, lloré de alegría y me arrepentí con gratitud. Estoy segura de que te ocurrirá lo mismo».

Elyse M. Fitzpatrick, autora de *Home:
How Heaven and the New Earth Satisfy Our Deepest Longings*

«Si la ironía no resultara demasiado obvia, calificaría este libro de glorioso. Esta no es, probablemente, la manera en que te contaron las historias de la Biblia. Especialmente en una cultura que valora la fuerza como el requisito número uno de sus dioses, este es el libro que desearía que mi profesora de la escuela dominical hubiera leído».

Michael Horton, Seminario Westminster,
California, autor de *Core Christianity*

«En un paisaje donde un millón de predicadores, maestros, blogueros y presentadores de pódcast ensalzan los gloriosos planes que Dios tiene para ti, ¿qué razón tendría alguien para leer un libro en el que un camionero de Texas le dice que su Dios es demasiado glorioso? La razón sería que, habiendo sido un respetado erudito teológico, Chad Bird vivió una oscura caída hasta la expulsión del pastorado, y descubrió, en su descenso y redención, que la teología de la cruz no es solo una noción abstracta, sino el único don verdadero; aquel que lo ha llevado de la muerte a una nueva vida. De las cenizas ha surgido una nueva voz, original y prolífica, llena de cicatrices de batalla y una humildad curtida, tan verdadera y sabia como podríamos anhelarla. Nos muestra cómo el Señor Resucitado está presente en los más pequeños, entre los cuales Bird se deleita de haber encontrado un hogar. Durante la lectura, sospechamos que ese es el lugar al que todos pertenecemos y al que solo podemos orar que Dios nos guíe algún día».

Heather Choate Davis, autora, conferenciante y teóloga

«Hay pocos libros que sean una combinación de talento literario, verdad bíblica y las bondades del evangelio. Este es uno de ellos. Por medio del evangelio, que opera a la inversa, Chad nos dice, con habilidad y belleza, que tenemos la libertad de ser corrientes; que Dios se oculta en lo corriente. Este libro te cambiará. Te dará descanso. Léelo y gózate».

Jessica Thompson, autora, conferenciante y presentadora de pódcast

TU DIOS ES DEMASIADO GLORIOSO

HALLAR A DIOS EN LOS LUGARES MÁS INESPERADOS

TU DIOS ES DEMASIADO GLORIOSO

HALLAR A DIOS EN LOS LUGARES MÁS INESPERADOS

CHAD BIRD

Tu Dios es demasiado glorioso: Hallar a Dios en los lugares más inesperados
Chad Bird

© 2024 New Reformation Publications

Publicado por:
1517 Publicaciones
PO Box 54032
Irvine, CA 92619-4032

ISBN (Paperback) 978-1-962654-68-5
ISBN (Ebook) 978-1-962654-69-2

Traducido del libro *Your God is Too Glorious: Finding God in the Most Unexpected Places*
© 2022 New Reformation Publications. Publicado por 1517 Publishing
Traducción por Cristian J Moran

Todos los derechos reservados. Ninguna porción de esta publicación puede ser reproducida, almacenada en un sistema de recuperación, o transmitida de ninguna forma ni por ningún medio —ya sea electrónico, mecánico, fotocopias, grabación u otros— sin el previo permiso de la editorial o una licencia que permita copia restringida.

A menos que se indique algo distinto, las citas bíblicas están tomadas de la Nueva Biblia de las Américas™ NBLA™, © 2005 por The Lockman Foundation.

Las citas bíblicas marcadas con NVI están tomadas de la *Santa Biblia*, Nueva Versión Internacional © 1999, 2015 por Biblica, Inc ®.

Las citas bíblicas marcadas con RVA-2015 están tomadas de la Versión Reina Valera Actualizada, Copyright © 2015 por Editorial Mundo Hispano.

Las citas bíblicas marcadas con RVC están tomadas de la versión Reina Valera Contemporánea ® © Sociedades Bíblicas Unidas, 2009, 2011.

Las citas bíblicas marcadas con RVR1995 están tomadas de la versión Reina-Valera 1995, *Reina-Valera 95*® © Sociedades Bíblicas Unidas, 1995.

Las citas bíblicas marcadas con JBS están tomadas de la Biblia del Jubileo 2000 (JUS) © 2000, 2001, 2010, 2014, 2017, 2020, Ransom Press.

A mi amada esposa Stacy

Contenido

Prefacio

En nuestros esfuerzos por ver dónde actúa Dios nos enfrentamos a un gran obstáculo. Es un defecto congénito. Dondequiera que vayamos, nos acompañan dos mentirosos. Están hundidos en nuestros rostros, uno al lado del otro. Algunos son azules, otros avellana y otros castaños, pero siempre visten los colores del enemigo. «No puedes ocultar tus ojos mentirosos», cantaban los Eagles, pero no se referían a este tipo de mentira. Porque las víctimas de este engaño somos nosotros mismos.

Nuestra visión ha quedado incapacitada por los destellos de gloria que han producido ampollas en nuestros ojos. Predica, le dijo Dios a Isaías, y dile a este pueblo: «Escuchen bien, pero no entiendan; miren bien, pero no comprendan» (Is 6:9). Por mucho que veamos, no percibimos.

Por ejemplo, en la parábola que Jesús contó en Lucas 16:19-31, creemos que las buenas gracias de Dios se manifiestan en el hombre rico. Al fin y al cabo, este buen hombre está todo engalanado de púrpura y lino fino. Su mesa rebosa de comida deliciosa. Mira su mansión, su lista de amigos VIP, y lo glamorosa y despreocupada que es su vida. Nuestros ojos nos dicen que obviamente este hombre es el emblema de lo que el cielo considera éxito.

Del mismo modo, en Lázaro creemos ver la revelación de lo que le sobreviene a un hombre de mala vida; alguien que está lejos de Dios. Nuestros ojos ven a ese empobrecido habitante de la calle, con la piel llena de llagas supurantes y salivando al pensar en comer siquiera las migajas que caen de la mesa del rico. Solo tiene por amigos a los perros callejeros, infestados de pulgas, que se pasean a su alrededor para lamerle las llagas. Mira cuán solo está, cuán pobre es, y cuán deprimente es su vida. Nuestros ojos nos dicen que evidentemente este hombre es un rechazado del cielo.

Percibimos al rico como bendito, y a Lázaro como maldito. Vemos al rico como hijo de Dios, y a Lázaro como un perro del diablo. Sin embargo, cuando la mano de la muerte descorre el velo, se revela la verdad: Lázaro reposa en el seno de Abraham, en el paraíso celestial, mientras el hombre rico sufre angustia entre las llamas.

Por mucho que veamos, no percibimos, porque los ojos con que miramos han sido cegados por los resplandores de la gloria, en lugar de abiertos por la mano del Espíritu. No vemos lo invisible.

Aprendamos juntos a ver las obras de Dios de un modo distinto: por medio de nuestros oídos. Nuestra visión debe estar cautiva de la Palabra de Dios. Esa Palabra entra por nuestros oídos, define la realidad divina, y a través de ella somos capaces de ver como Dios lo hace. Si transfieres tus ojos a tus oídos, contemplarás los caminos y las obras de Dios. Pero si dejas tus ojos donde ya están, y supones que lo que ves es la realidad, no habrá anteojos, ni lentes de contacto ni cirugías LASIK que transformen tu vista en la vista de Dios.

1

Dios oculto a plena vista

Este libro es para todos los que hemos caído en el engaño de creer que el éxito se define por los logros; que, si no vamos a lo grande, es mejor que nos vayamos a casa; y que deberíamos apuntar a las estrellas en vez de atar nuestras vidas en alegre rendición a la cruz de Dios.

Es para todos los santos invisibles que, pasando inadvertidos, trabajan su media hectárea del reino de Dios mientras el mundo construye torres de Babel modernas con el objeto de hacerse un nombre.

Es para quienes le tienen miedo al anonimato, y piensan que solo serán importantes si son conocidos, o tendrán valor si son los primeros; quienes aún no se han dado cuenta de que Dios se especializa en los últimos, los más pequeños, los olvidados, los carentes de fama, y los que tienen mala fama.

Es para los refugiados salidos de grupos religiosos que han industrializado a Dios hasta convertirlo en una máquina expendedora; una máquina en la que, para comprar salud y riqueza, vacías tu plata en la ranura-Dios solo para ver que tu vida acaba privada de gloria e inundada de carencias y sufrimiento.

Es para aquellos cuyos ojos están tan deslumbrados por la belleza, el poder y la riqueza, que son incapaces de ver los tesoros del cielo envueltos en el papel kraft de las cosas simples de la vida.

Es para las congregaciones rurales y los programas eclesiales de extensión, ocultos en las sombras de las megaiglesias más atractivas, y en cuyo humilde medio se encuentran ovejas perdidas, se redimen vidas rotas y se forman amistades eternas con amigos de las bajas esferas de este mundo fracturado.

Este libro abraza una espiritualidad velada que encuentra a Dios arremangado en habitaciones familiares llenas de juguetes, en las sucias cabinas de los tractores John Deere y en los cuartos de utensilios de los conserjes escolares; lugares donde los santos se forjan en el fuego de vidas que nadie recordará excepto Dios.

Este libro es un llamado a reorientar radicalmente nuestra comprensión de cómo actúa Dios en nuestras vidas: de lo grandioso a lo sencillo, de lo alucinante a lo trivial.

Es para aquellos cuyo Dios es demasiado glorioso: demasiado glorioso para nacer en un establo que apesta a estiércol de ganado, demasiado glorioso para dañar su reputación juntándose con parias, y demasiado glorioso para desangrarse entre dos criminales sujeto al poste de un verdugo.

El Dios verdadero es glorioso, pero en maneras que ninguno de nosotros esperaría, pues se oculta bajo lo que es opuesto a él.

Sueña en pequeño

La primera vez que las semillas fueron sembradas en el suelo de nuestras mentes, estábamos viendo dibujos animados, o dibujando las letras del abecedario en nuestra clase preescolar. Quizás, nuestros padres y madres, mientras nos hacían rebotar sobre sus rodillas, nos dijeron que haríamos grandes cosas. Y a medida que crecíamos, esta mentalidad también creció. Moldeó nuestra percepción de lo importante, y formó nuestra comprensión de lo que nos haría sonreír y pondría un signo de exclamación al final de nuestras vidas.

Yo tenía dieciocho años cuando aquello floreció plenamente en mi interior. Comencé a trazar el plano de mi futuro. Lo que no comprendía era que estaba planeando la forma en que me descarriaría durante los siguientes veinte años de mi vida.

Empecé a soñar con grandezas, y con avanzar a toda máquina, propulsado por la ambición. Al fin y al cabo, eso era lo que mi cultura me había enseñado. Había llegado a creerlo con tanta firmeza que no cuestioné su validez ni por un instante. Se nos dice que, cualquiera sea nuestro camino, seamos todo lo que podamos ser; que ganemos trofeos representativos de aquello por lo cual ha valido la pena vivir nuestras vidas. Cada capítulo de nuestra biografía debería permitirnos presumir: «El año en que mi equipo de fútbol ganó el campeonato»; «El día en que me gradué con honores», «Cómo obtuve un empleo en una empresa grande y exitosa», «Mi ascenso a la gerencia».

A veces, en el caso de algunas personas, estos grandes sueños se hacen realidad. Sin embargo, para la mayoría, suele no ser así. Acompañados de nuestros sueños, nos salimos de la autopista y terminamos atascados en una zanja, camino a la gloria. Yo me extravié por dos décadas mientras iba en pos de mis ambiciones. Estaba empeñado en realizarme como persona. Mi vida tenía que ser fabulosa. Seguí la carrera que quería y me abrí camino hasta el puesto que codiciaba. Obtuve una licenciatura, y luego otra, y otra más, hasta que supe más de mis estudios de doctorado que de la vida cotidiana de mis hijos. Te podría haber descrito la exégesis del rabino Oshaya sobre el hebreo de Génesis 1:1 en *Bereshit Rabá*, pero no tenía la menor idea de cuál era el peluche favorito de mi hija.

Cuando mis grandes sueños se hicieron realidad, y llegué al legendario final del arco iris, encontré una olla de oro: el oro de los tontos.

Si pudiera rebobinar mi vida y retroceder veinte años, soñaría en pequeño y saborearía las alegrías de una vida sin logros. Pablo exhorta: «Tengan por su ambición el llevar una vida tranquila» (1 Ts 4:11). Podría decirse que este es uno de los versículos menos norteamericanos de la Biblia. Sus palabras se han convertido casi en un mantra para mí. Debo repetirlas una y otra vez para acallar el adoctrinamiento recibido toda mi vida por parte de una cultura que idolatra a quienes hacen grandes cosas y nos insta a todos a hacer lo mismo. «Ten por tu ambición el llevar una vida tranquila». En otras palabras, ambiciona no dejar que lo «impresionante» defina tu vida, dicte tus relaciones, determine cuán importante eres o te guíe al momento de discernir cómo y dónde se encuentra Dios[1].

Llevar una vida tranquila no consiste principalmente en tener expectativas más bajas, sino en bajar la mirada. En lugar de mirar hacia arriba, al siguiente logro o el siguiente peldaño de la escalera, miras hacia abajo: tu vida cotidiana, los hijos que Dios te ha dado, tu cónyuge, tus padres ancianos, tus amigos queridos, los pobres y los necesitados — todas esas «cosas pequeñas» que te pierdes cuando estás todo el tiempo mirando hacia arriba, hacia el «siguiente gran logro» de tu vida—.

Del mismo modo, en lugar de buscar a Dios en experiencias emocionalmente electrizantes en la cima de la montaña, descubrirás que él es el Señor de las tierras bajas, transfigurado por la sencillez y el sufrimiento. Prefiere sentarse con el solitario, llorar con el doliente y deambular por los pasillos de la UCI. En lugar de buscar a Dios en las cosas altas y poderosas de este mundo, lo encontrarás metido en las grietas más pequeñas de la vida: nadando en las lágrimas de la viuda; entronizado en un trozo de pan tan pequeño como una moneda, sobre el altar; o riendo en la voz del niño pequeño que juega en el arenero. En lugar de esperar que Dios te asombre desplegando poderosamente su omnipotencia, encontrarás ese poder comprimido en vasijas débiles y poco impresionantes, como un predicador encanecido que pastorea un rebaño de granjeros de Iowa en las afueras de una ciudad de la que nadie ha oído hablar.

Visión de medianoche en una cama de hospital

Nuestros ojos están tan acostumbrados a mirar hacia arriba que no vemos fácilmente la obra de Dios en estas tierras bajas y sombrías. Por eso, a veces el Señor nos quita totalmente la vista. Cuando no podemos ver, vemos con más claridad. La oscuridad ilumina nuestra mente. Eso sucedió conmigo una noche en la cama de un hospital.

Es 4 de julio. Tengo catorce años. Junto a la casa rural de mi infancia hay un campo lleno de montones de tierra y rastrojos de trigo. Mientras los mayores se apoyan en la cerca, beben té helado y comparten historias y risas, otro chico y yo estamos muy ocupados. Tenemos fósforos y explosivos —dos regalos del gran dios Testosterona—. Al poco rato, las detonaciones y los estallidos entonan su canción en la cálida noche de verano. Dos muchachos, en la tierra, jugando con fuego, celebrando su independencia.

Sin embargo, uno de los fuegos artificiales es testarudo. Todos los pequeños pilares están unidos por una sola mecha diseñada para desencadenar una serie de coloridos y brillantes disparos. Pero la mecha comienza a apagarse. Me arrodillo para volver a encenderla, pero no coopera. Frustrado, decido ponerme del otro lado y trabajar desde ese ángulo. Sin embargo, mientras lo hago, mi cara, por una fracción de segundo, pasa por encima. Y la pólvora se enciende.

La bola de fuego me golpea la cara directamente entre los ojos. Ruedo por el suelo, gritando. Tengo las cejas y las pestañas quemadas, y el pelo humeante. Mi cara es una constelación de oscuras estrellas grabadas en la piel. Tengo los dos ojos manchados de negro. Y siento un dolor abrasador, peor que cualquier cosa que haya experimentado en mi joven vida.

No obstante, si yo tengo miedo, no es nada en comparación con el terror que mi madre y mi padre sienten esa noche al llevarme de hospital en hospital preguntándose si su hijo volverá a ver.

La operación para quitarme el polvo de los ojos está programada para la mañana. Toda la noche, mi madre permanece sentada en la silla ubicada a unos metros de mi cama. Y transforma esa sencilla habitación en un templo de oración. En voz alta, y hasta altas horas de la noche, suplica sin parar que Dios se apiade de su hijo. No le da descanso a Jesús. Sacude a Dios para que despierte, y lo desafía a un combate de lucha libre como el de Jacob. Y Dios se complace en dejarla ganar.

El 5 de julio, al salir el sol, se dejó ver también uno de los muchos milagros inmerecidos de mi vida. El polvo que cubría mis ojos comenzó a disolverse durante la noche. Los médicos me examinan y salen de mi habitación rascándose la cabeza. Se cancela la operación. Y unas horas más tarde, me dan el alta para que me recupere en casa.

Eso fue hace tres décadas. Hoy, si miras mi ojo izquierdo de cerca, verás una diminuta mota negra alojada en la parte blanca. Es la pólvora de mi imprudente juventud, una reliquia de la noche en la que, por primera vez, vislumbré cómo vemos, a través de nuestros oídos, los medios contraintuitivos que el Padre usa para infiltrarse en nuestras vidas.

Aquí no estoy hablando de la curación inesperada. Me refiero a que Dios eligió revelarse en una habitación de hospital, durante la medianoche, a un chico de campo, ciego, por medio de las oraciones de su madre, en medio del temor, el dolor y una sensación desgarradora de que la vida jamás volvería a ser la misma. Nadie estaba feliz. Aquella noche no tuvo nada de bueno. No había luz, sino oscuridad; y en vez de alegría, pena. Fue una de las noches más largas, malas y dolorosas de mi vida. Sin embargo, cuando miro hacia atrás, a través de los años, fue precisamente entonces que, por medio de mis oídos, vi por primera vez a Dios obrar. Él quiso que viera mientras tenía los ojos quemados. Encontrándome yo envuelto en mis miedos, me permitió verlo tras un velo en las oraciones de mi madre, sosteniéndome en el horrible caos de mi accidente como solo puede hacerlo un Padre.

Que todas tus expectativas se frustren

> Que todas tus expectativas se frustren, que todos tus planes fracasen, que todos tus deseos se marchiten por completo, para que experimentes la impotencia y la pobreza de un niño y cantes y bailes en el amor de Dios que es Padre, Hijo y Espíritu[2].

Esta bendición, escrita por Larry Hein, director espiritual de Brennan Manning, es hermosamente absurda. Se hace parcialmente realidad en nuestras vidas, aunque no de un modo que nos haga exclamar aleluyas. Quizás escupiendo blasfemias, pero no gritando alabanzas.

Nuestras expectativas se ven frustradas por todo tipo de cosas, desde matrimonios que naufragan hasta inundaciones. Nuestros planes se ven frustrados por ofertas de trabajo que no se materializan e hijos que siempre parecen demasiado ocupados para llamar a casa. Nuestros deseos se marchitan totalmente porque sufrimos ataques de depresión, nuestra salud falla o la economía se estanca. Experimentamos «la impotencia y la pobreza de un niño», pero la mayoría no cantaremos ni bailaremos en el amor de Dios; lo que hacemos, más bien, es retorcernos nerviosamente las manos al ver el montón de facturas impagas que ensucian la mesa de la cocina.

Thomas Hobbes dijo que la vida del hombre es «solitaria, pobre, desagradable, brutal y corta»[3]. Quizás Hobbes nos parezca demasiado deprimente, pero, por otro lado, tampoco somos tan ingenuos como para imaginar que «felices para siempre» es cierto fuera de los cuentos de hadas. En el mundo real, las cosas no son así. Ninguno de nuestros hogares cotidianos irradia la luz surrealista de un cuadro de Thomas Kinkade.

Las cosas no salen como las habíamos imaginado. A veces, los empleos soñados pueden ser una pesadilla. Aun los matrimonios del *Crucero del amor* pueden terminar como el Titanic. Nadie conoce nuestro nombre en Hollywood o Nashville. Jamás disfrutamos de nuestros quince minutos de fama. En vez de eso, nos asentamos en una vida decididamente predecible que a veces es feliz, a menudo es dura y, en ocasiones, es bastante brutal. La bendición de Hein es cierta: nuestras expectativas se frustran, nuestros planes fracasan, y nuestros deseos se marchitan hasta quedar reducidos a nada.

En otras palabras, nuestras vidas son exactamente la clase de vidas que entusiasman a Dios.

Cuanto menos impresionantes sean nuestros empleos, o más apagada sea nuestra biografía, o más sintamos que solo somos un nombre en una lista o un rostro entre la multitud, más seremos el lugar perfecto para la obra continua de Dios en este mundo. Si él tiene una predilección, es una predilección por lo normal. Pasará por alto a la Miss Universo en bikini para coronar a la chica fea con acné y frenillos. Es un Dios que invierte todas nuestras expectativas.

Las Escrituras están repletas de ilustraciones de esta tendencia. Para empezar, Dios se empeña en elegir a las personas equivocadas para sus misiones más importantes. La Biblia es como el Manual de Recursos Humanos del Infierno. Contiene todo lo que *no* debes buscar cuando necesitas al candidato perfecto para un puesto. ¿Necesitas a una mujer para ser la madre de un hijo prometido? En lugar de elegir a una robusta joven de veinticinco años, el Señor elige para el puesto a una anciana de noventa años, arrugada y posmenopáusica, llamada Sara. Cuando Dios saca el tema, ella se echa a reír. Unos meses más tarde, se desplaza con la ayuda de un andador para comprar un vestido de embarazada. ¿Necesitas a alguien que dirija la emancipación de los esclavos de la nación más poderosa de la tierra, y a la vez sea el portavoz de este pueblo oprimido? En lugar de elegir al equivalente antiguo de un soldado de élite o un locuaz secretario de Estado, Dios elige a un pastor tartamudo de ochenta años llamado Moisés, prófugo desde hace cuarenta años por haber matado a un hombre a golpes.

Libro tras libro, desde Génesis hasta Apocalipsis, el Señor demuestra que él rehúye los métodos probados de un cazatalentos ortodoxo. Envía a hombres y mujeres a cumplir misiones para las que no están cualificados. Y en el mundo actual lo sigue haciendo. Sigue desafiando nuestros sistemas religiosos artificiales introduciendo en ellos a hombres y mujeres que no cumplen nuestros requisitos. Sin embargo, cumplen los de Dios. A él le encanta utilizarlos en su reino para demostrarnos a todos que el Padre no logra las cosas por la capacidad cerebral ni por la fuerza, sino por el Espíritu de amor.

Pero esto solo es una exploración superficial de la rebelión de Dios contra todas las normas que inventamos para regir el comportamiento divino en nuestro mundo. Se pasea desafiante frente a los carteles de «Prohibido el paso» que clavamos para controlar a dónde se dirige y qué es lo que hace. No solo elige a las personas equivocadas para sus misiones importantes, sino que, en la historia bíblica, otorga grandes papeles a hombres y mujeres que han caído por entre las grietas del mundo. Se trata de los santos Juan y Juana Pérez. Son donnadies que ni siquiera merecen una nota a pie de página en los libros de historia. Como, por ejemplo, una joven secuestrada para ser esclava en la antigua Siria. No era nada. Simplemente otra sirvienta extranjera. Anónima, desechable, olvidable. Sin embargo, gracias a su audaz confesión de la obra sanadora de Dios en la tierra de Israel, su famoso amo, el general Naamán, se embarcó en un viaje que incluyó política internacional, una curación milagrosa y una muestra perpetua del poder de Yahvé sobre los efectos devastadores de la lepra. Y todo gracias a una Juana Pérez, una muchacha conocida únicamente por su anonimato.

Esta Juana no se distingue de la madre que intenta mantener consigo a sus tres hijos mientras empuja un carro a través del supermercado, o de la profesora que ha dedicado toda su vida a enseñar álgebra y geometría a adolescentes que bostezan, o del trabajador indocumentado al que pagamos por debajo de la mesa. Aunque estas personas se sientan insignificantes, ocupan un lugar preponderante a los ojos de nuestro Padre. Como la sirvienta israelita, son las máscaras de nuestro Señor, mediante las cuales actúa en nuestro mundo para cumplir su voluntad buena y misericordiosa.

Dios se esconde a plena vista. En nuestro mundo, en nuestras calles; en callejones, depósitos y salas de juntas que no parecen en absoluto ser los lugares que Dios frecuentaría. Se disfraza de los inadaptados que nos avergüenzan y de los trabajadores de peajes que no miramos al pasar. Y también se halla bajo nuestra piel. Se ha introducido en nuestras vidas poco glamorosas para hacer en ellas lo que mejor sabe hacer: dar, amar, servir, ayudar y orar. Las pequeñas cosas que hacemos —como servir cereales a nuestros hijos somnolientos antes del colegio, conducir un camión de reparto para que las empresas sigan funcionando, o visitar a un amigo ingresado en el hospital—, estas cosas aparentemente pequeñas son actos divinos que causan el regocijo de los ángeles. Jamás las verás en las noticias de la noche. El boletín de la iglesia no las mencionará. Nadie subirá a YouTube un video de ellas que se viralice. Sin embargo, esa es su belleza oculta: en la tierra pasan desapercibidas, pero en el cielo son aplaudidas. A nosotros nos parecen tan naturales y aburridas como ver crecer la hierba. Pero, para Dios, son su nicho humilde y sagrado en un mundo cegado por lo más grande, lo mejor y lo más audaz.

La forma en que el Señor se infiltra incógnitamente en las cosas comunes de la vida y les infunde un propósito divino no se limita a nuestra humanidad. Él actúa no solo en personas opacas, sino también en cosas y lugares opacos. A veces, de hecho, estas cosas y lugares no solo carecen de gloria, sino que son positivamente extrañas. Son el último lugar de la tierra en el que uno esperaría encontrar al Señor de los cielos.

Las Escrituras, y en especial el Antiguo Testamento, hacen desfilar ante nosotros reiterados ejemplos de ello. Por ejemplo, Dios frecuenta lugares inhóspitos. Elige lugares «dejados de la mano de Dios» como escenarios para enseñar a su pueblo que no los dejará. Por ejemplo, en el desierto de la península del Sinaí, Yahvé pasó cuatro largas décadas enseñando a su pueblo a vivir por la fe en la Palabra de su promesa. Los cinco libros fundamentales de la Biblia —Génesis, Éxodo, Levítico, Números y Deuteronomio— fueron escritos por Moisés allí. El pacto de la ley se promulgó allí. El sacerdocio, el tabernáculo y muchas promesas del Mesías se originaron en este lugar donde la muerte era omnipresente. Más tarde, Dios obligaría a David, a Elías e incluso a Jesús a ir al desierto para que vivieran allí por la fe en la Palabra de su Padre. En el desierto, no en un jardín, Dios realizó su mejor obra en medio de su pueblo. Hoy no es diferente. Cuando pareciéramos estar en un lugar abandonado por Dios, cuando nuestras vidas parecieran ser un desierto estéril lleno solo de decepciones, o cuando nos arrastramos de un oasis a otro, es precisamente allí, en ese desierto de sufrimiento —donde más ausente parece estar—, que su presencia en nuestras vidas es mayor.

Los relatos del Antiguo Testamento también se centran en la manera en que el Señor elige curarnos utilizando remedios que distan mucho de ser medicamentos prodigiosos. Yahvé escribe recetas poco ortodoxas. Cuando su pueblo sufre la mordedura de una serpiente, no le administra un antiveneno. Ordena a su pueblo que mire fijamente una réplica, hecha en bronce, de una serpiente sujeta a un poste. A los enfermos de lepra los limpia aplicándoles sangre y agua sobre la piel. Aun un muerto resucita cuando se lo arroja a una tumba llena de los huesos de un profeta.

Pero, por encima de todo, Dios cura, limpia, perdona y da vida por medio de la sangre. Ninguna empresa farmacéutica comercializaría los remedios de Dios. Se supone que no funcionarían. Pero lo hacen.

Funcionan no porque estén imbuidos de propiedades mágicas, sino porque en ellos se encuentra la Palabra restauradora del Señor. La serpiente de bronce, el agua, la sangre, los huesos; todas estas cosas —esta materia terrenal— están impregnadas de gracia y poder por el mismo Dios que hizo surgir la creación desde la nada.

Hoy, los agentes curativos que Dios utiliza para las dolencias más siniestras de la sociedad funcionan del mismo modo. No me refiero al cáncer ni al SIDA, sino a males espirituales más profundos, como la pérdida de identidad, la adicción a la violencia, el miedo generalizado y la desesperación. Estos males están desgarrando tanto a nuestra sociedad como a los individuos y a las familias. La medicina del Señor para ellos no es exteriormente espectacular, o siquiera psicológicamente emocionante. Sigue siendo sencilla: agua y sangre, un cuerpo en un madero, o un trozo de pan en la boca. Sin embargo, estos recipientes de aspecto corriente están llenos de Dios. Rebosan del amor vital del Creador. Tal como ocurrió en el Antiguo Testamento, así sucede en el Nuevo; la curación divina viene siempre velada por el envoltorio más genérico.

Estas son las cosas que entusiasman a Dios: las cosas poco emocionantes y poco gloriosas. Así es como él trabaja. A veces parecerá una emboscada, pero eso es solo porque estamos demasiado ocupados mirando hacia arriba en lugar de buscar a Dios abajo. Él está justo ahí. Abajo, en el polvo. Abajo, en lo poco divino. Abajo, en la bajeza, en la sencillez, y en los elementos simples del mundo que fácilmente se desprecian y olvidan.

Estos relatos del Antiguo Testamento, que ilustran las formas inversas a través de las cuales Dios nos involucra en el mundo —tanto entonces como ahora—, son todos preámbulos de la máxima revelación del Señor. Desde Génesis hasta Malaquías, todo es un largo redoble de tambores que llama al cosmos a prestar atención a la culminante revelación de la gloria de Dios.

Y allí lo encontramos, en un hombre moribundo. Los soldados echan suertes para quedarse con su ropa. Sus amigos más íntimos se han escabullido. Sus enemigos más acérrimos le escupen insultos a la cara. Aun uno de los otros condenados se burla de él. No hay allí nada, ni un ápice, que sea evidentemente de Dios. Luce infernal. Nadie saldría de Jerusalén, caminaría hasta este lugar de ejecución pública, se pararía al pie de la cruz de este hombre, y mirando hacia arriba, diría: «Ahí está la gloria del Todopoderoso. Ahí se revela quién es Dios, cómo actúa, y cómo viene a nosotros». Se diría lo contrario. «Esto parece obra del diablo. Ahí está la vergüenza del fracaso».

Al ver a Dios en la cruz, por mucho que veamos, no percibimos. Es decir, a menos que hayamos transferido nuestros ojos espirituales a nuestros oídos. A menos que lo veamos a través de las profecías de

Isaías sobre el Siervo que sería «despreciado y desechado de los hombres, varón de dolores y experimentado en aflicción; y como uno de quien los hombres esconden el rostro» (Is 53:3). El Siervo que sería «herido por nuestras transgresiones, [fue] molido por nuestras iniquidades; el castigo, por nuestra paz, cayó sobre Él, y por Sus heridas hemos sido sanados» (v. 5). Si la Palabra de Dios, y no la visión de nuestros ojos, define lo que es real, entonces realmente veremos a Dios en la cruz. Gozaremos de gloria donde no se ve ninguna. En la cruz, y solo en la cruz, las escamas de nuestros ojos caerán para que por fin lo entendamos:

> Sino que Dios ha escogido lo necio del mundo para avergonzar a los sabios; y Dios ha escogido lo débil del mundo para avergonzar a lo que es fuerte. También Dios ha escogido lo vil y despreciado del mundo: lo que no es, para anular lo que es, para que nadie se jacte delante de Dios. (1Co 1:27-29)

La cruz es la revelación velada de Dios. Es su presencia ausente. Es el cielo disfrazado de infierno. La cruz define la manera en que Dios ha actuado y actuará siempre. Se trata de una comprensión radical que cambia la vida.

Comenzando por Génesis, y continuando incluso ahora en nuestras propias vidas, vemos al Dios de la cruz. El Señor que elige a los perdedores para ser ganadores, a los últimos para ser primeros, a los feos para ser hermosos, y a lo simple para contener lo profundo. Dios se coló en nuestro mundo a través de un comedero en Belén. Conquistó el cosmos sufriendo la derrota de la muerte. Hizo que su vida fuera nuestra dejando que la humanidad lo asesinara.

No actuará como esperamos que lo haga. Sea cual sea nuestra idea de la manera correcta y adecuada en que Dios debería interactuar con nuestro mundo, él hará lo contrario. Es el tipo de Dios que nos avergüenza de todas las formas correctas.

Necesitamos reorientar completamente nuestro modo de ver a Dios en acción. Eso es lo que el Antiguo Testamento nos ayuda a hacer. Es un calco de nuestro mundo, en el que Dios secuestra a personas corrientes para que hagan cosas fuera de su zona de comodidad. Está lleno de historias como las nuestras: con calles llenas de violencia, maridos y mujeres que se sacan mutuamente de quicio, niños que no se limpian la nariz y gente que trabaja en empleos ingratos. Y precisamente allí esconde Dios su reino. El misterio de la localización de Dios en nuestro mundo es que no está donde se supone que debería estar.

Pero en los lugares donde está —en las abrumadoras simplicidades de este mundo—, está presente para dar sentido y propósito a nuestras vidas. Cuando Dios nos despoja de todas nuestras nociones adultas sobre la forma en que actúa entre nosotros, podemos, por fin, experimentar «la impotencia y la pobreza de un niño» y cantar y bailar «en el amor de Dios que es Padre, Hijo y Espíritu Santo»[4].

Preguntas de discusión

1. ¿De qué maneras, tanto sutiles como obvias, nuestra cultura nos programa para pensar que la vida consiste en lograr cosas grandes e impresionantes? ¿Cómo influye esta actitud en nuestras decisiones sobre los estudios, las carreras, las relaciones, el dinero y otros aspectos de la vida?

_____

_____

_____

2. Lean 1 Tesalonicenses 4:9-12. Pablo exhorta a los cristianos a «[tener] por aspiración vivir en tranquilidad» (RVA-2015) o «[tener] por su ambición el llevar una vida tranquila» (NBLA). ¿Cómo se manifestaría esa «ambición» (o, en realidad, antiambición) en la vida de un cristiano? ¿Qué significa «bajar la mirada» en lugar de «tener expectativas bajas»?

_____

_____

_____

3. La bendición de Larry Hein habla de «tus expectativas [...] tus planes [...] tus deseos». Lean Salmo 37:4, Proverbios 14:12 y Romanos 7:14-20. ¿De qué manera estos pasajes nos ayudan a entender esta parte de la bendición? Lean Mateo 5:3 y 2 Corintios 12:7-10. ¿Cómo se relacionan estos pasajes con la experiencia de «la impotencia y la pobreza de un niño»?

_____

_____

_____

4. Reflexionen sobre estas palabras: «Si [Dios] tiene una predilección, es una predilección por lo normal». Por ejemplo, ¿qué elementos normales utilizó el Señor para crear a Adán y Eva (Génesis 2:7, 22)? ¿Qué objeto común utilizó Dios para dividir el mar Rojo (Éxodo

14:16)? ¿Qué trabajo cotidiano realizaban Moisés y David antes de que el Señor los llamara para dirigir a su pueblo (Éxodo 3:1; 1 Samuel 16:11)? ¿Qué otros ejemplos de métodos normales o de personas corrientes utilizó el Señor en el pasado y sigue utilizando hoy?

_____

_____

_____

5. ¿Qué se requiere para que el mundo considere a una persona como importante, o para que se fije en ella? ¿En qué sentido el Señor es diferente? ¿A quién mira? Lean Isaías 57:15; 66:2; 1 Samuel 2:7-8; Salmo 34:15-18. Según Colosenses 3:3, ¿a quién o qué ve Dios cuando nos mira?

_____

_____

_____

6. Los desiertos del Sinaí y de Judea eran lugares desolados, y sin embargo, Dios utilizó estos lugares carentes de gloria para formar y moldear a su pueblo. Lean el Salmo 42. ¿Cómo expresa esta oración el anhelo y la esperanza de los creyentes en el desierto? Según Deuteronomio 8:1-5, ¿cómo utilizó Dios el tiempo de Israel en el desierto para formarlo?

_____

_____

_____

7. ¿Qué utiliza el Señor para curar a los israelitas mordidos por serpientes (Números 21:4-9)? ¿Y para purificar a una persona impura debido al contacto con un cadáver (Números 19)? ¿Y para quitar la enfermedad de la piel de Naamán (2 Reyes 5:1-14)? En cada uno de estos casos, Dios no se limita a hablar, sino que une su palabra a un elemento de la creación. ¿De qué manera hoy sigue obrando igual?

_____

_____

_____

8. Lean 1 Corintios 1:18-31, especialmente los versículos 27-29. ¿Cómo interpreta esto la cruz de Jesús? Hablen de cómo la cruz define el modo en que Dios siempre ha tratado con la humanidad haciendo las cosas aparentemente al revés.

_____

_____

_____

2

Amigos en las bajas esferas

Toma la carretera interestatal I-76 hacia el oeste de Filadelfia por una media hora, luego serpentea por un par de autopistas hacia el norte, y llegarás a un sitio histórico nacional llamado Hopewell Village. Fundado en 1771, este sitio de producción de hierro de 343 hectáreas fue alguna vez una industria en auge. Allí se fabricaban diversos productos, como cañones y proyectiles de artillería para el Ejército Continental. Su propietario original fue no solo jefe de aquella siderúrgica y miembro de la Asamblea de Pensilvania, sino también coronel de milicia y ayudante del intendente general en la Guerra de la Independencia. Cuando las tropas de George Washington se estacionaron en Valley Forge durante el invierno de 1777-78, él les proporcionó mil barriles de harina para alimentar a los hambrientos hombres. Estaba emparentado con Betsy Ross, quien cosió la primera bandera estadounidense, y era también familiar de tres de los firmantes de la Declaración de Independencia. En su apogeo, fue un hombre rico y triunfador que estuvo codo a codo con los primeros dirigentes de los Estados Unidos.

Se llamaba Mark Bird. Fue el bisabuelo de mi propio bisabuelo. Y eso fue lo más cerca que mi familia ha estado alguna vez de alcanzar algo parecido a la fama.

Las siguientes generaciones de mi familia —posteriores a Mark Bird— pasaron por la historia sin que el mundo las notara. Emigraron de los bosques de Pensilvania al campo abierto del centro de Texas, donde trabajaron en campos de algodón, obras de construcción, y almacenes de suministros para campos petrolíferos. Eran ciudadanos corrientes que se ganaban la vida modestamente con manos callosas. Formaron familias y echaron profundas raíces en el suelo tejano.

Mi bisabuelo, mi abuelo, mi padre y yo compartimos un rasgo de personalidad: todos pensamos que el cambio es una mala palabra.

Amamos la estabilidad. Ninguno de nosotros es apostador ni arriesgado. Somos hombres arraigados en nuestras propias tradiciones. Tenemos nuestras iglesias, nuestro círculo de amigos, y horarios diarios muy regimentados que les dan a nuestras vidas una previsibilidad que a otros puede parecerles aburrida, pero que a nosotros nos tranquiliza.

Si Dios quiere ponernos en situaciones y círculos de personas fuera de nuestra zona de comodidad, tendrá que arrastrarnos hasta allí pataleando y gritando.

En los últimos diez años, eso es exactamente lo que ha estado haciendo conmigo. Hace poco más de una década, vivía la vida que había trazado. Era profesor de Antiguo Testamento, vivía en el campus de un seminario conservador de la región central, y tanto en el trabajo como en casa estaba rodeado de cristianos con ideas afines, la gran mayoría de los cuales ejercían vocaciones relacionadas con la Iglesia. Era una vida segura y estrecha de miras donde las cosas eran blancas o negras.

Hoy conduzco un camión de dieciocho ruedas por las calles de una zona industrial de San Antonio, Texas, rodeada de barrios pobres plagados de drogas y violencia. Entrego mercancías a clientes cuyas vidas son material de canciones de música country. Entre ellos hay expresidiarios, adictos en recuperación, campesinos del sur, motoristas e incluso un exluchador profesional. A medida que los he ido conociendo, me han contado historias personales de todo tipo, desde su estancia en la cárcel hasta el verano en que derrocharon grandes cantidades de dinero en estríperes, pasando por sus luchas por reconectar con hijos distanciados. Son personas con las que nunca me habría topado en el campus de un seminario. Son personas ajenas a la religión.

Sin embargo, Dios ha utilizado a estos hombres y mujeres para enseñarme más sobre sí mismo de lo que jamás aprendí en un entorno académico.

Los maestros que tienen un mayor impacto en nuestras vidas no siempre están en los púlpitos ni dirigen un estudio bíblico sobre Romanos los domingos por la mañana. No han escrito libros, no tienen títulos ni serían invitados a dar clases en una universidad cristiana. Son ajenos al sistema religioso. Carecen de las credenciales necesarias para suscitar el interés de quienes asisten a las iglesias. No hablan la jerga cristiana.

De hecho, si somos sinceros, cuando miramos a esta gente, no parecen ser el tipo de personas adecuadas para ser creyentes, y mucho menos para enseñarnos algo importante sobre el Señor. Si el Señor tiene amigos, no serían estas personas.

Sin embargo, lo son. Dios tiene amigos en las bajas esferas. Da sabiduría a aquellos que el mundo considera tontos. Concede una fe sencilla a personas que luchan con vidas retorcidas y pasados marcados por cicatrices. Coloca profetas bajo puentes de autopistas y predicadores en carretillas elevadoras. Cuanto más el Señor me ha forzado a salir de mi zona de comodidad cristiana, más he aprendido del cristianismo por medio de estos individuos externos. Y cuanto más aprendo de ellos, más me doy cuenta de que esto forma parte de la manera en que Dios se oculta en nuestro mundo. Se cubre con el atuendo de personas que no tienen «ropa de iglesia».

Me ha costado años —y experiencias concretas— llegar a ver esto. Derribar mis prejuicios. Pero eso forma parte de la obra del Espíritu en nuestras vidas. Él está reconfigurando nuestra visión para que veamos aquello frente a lo cual normalmente estamos ciegos. Nos está enseñando a revaluar nuestra percepción de cuál es el tipo de personas que Dios podría utilizar para hablarnos de su Palabra. El Espíritu nos abre los ojos al hecho de que cada día, en cada encuentro, la persona que tenemos delante puede ser el portavoz del Señor. En ese lugar inesperado, en aquella persona humilde, en ese entorno aparentemente poco espiritual, el Señor puede estar escondido para revelarnos una verdad profunda.

No lo hace solamente ahora. Ha sido su modo de actuar desde el principio. Bastaría con preguntarles a los dos espías israelitas que, en un prostíbulo de Jericó, aprendieron el temor del Señor por medio de una mujer no judía.

Una teóloga en el burdel de Jericó

Los dos jóvenes que entraron en la amurallada ciudad de Jericó debieron de parecer un par de campesinos muy impresionados paseando por Las Vegas. Habían pasado toda su vida en el desierto de la península del Sinaí. Viendo arena y rocas. Tiendas y ovejas. Las mismas caras cansadas, día tras día. Pero ahora estaban aquí, hipnotizados por imágenes, olores y sensaciones que les resultaban tan novedosas como ver nieve en el Sahara. Andaban en una misión de espionaje. Eran agentes secretos del ejército israelita, enviados por Josué para descubrir cualquier punto débil de esta antigua fortaleza.

No obstante, resultó que tenían sus propias debilidades. «Fueron, pues, y entraron en la casa de una ramera» (Jos 2:1). Y dudo que estuvieran allí para repartir folletos religiosos.

Cuando las autoridades de la ciudad se enteraron de la verdadera razón por la que estos dos forasteros estaban en la ciudad, llegaron a aporrear la puerta de Rahab para exigirle que entregara a los hombres. Sin embargo, no contaron con que esta sabia mujer sería más astuta que ellos. Ocultó a los espías en su tejado, bajo manojos de lino, y luego informó a las autoridades que los hombres se habían escabullido por la puerta justo antes de la puesta de sol. Si los perseguían ahora, insistió, con toda seguridad los alcanzarían. Así que salieron en su persecución.

¿Por qué engañó Rahab a las autoridades? Las noticias de lo que el Señor había hecho por su pueblo habían sido el tema frecuente de la ciudad. La forma en que había secado las aguas del mar Rojo, y cómo les había dado la victoria sobre los ejércitos extranjeros y pronto les daría la misma tierra sobre la cual estaban. «El terror de ustedes ha caído sobre nosotros», dijo a los espías, «y [...] todos los habitantes del país se han acobardado ante ustedes» (v. 9). Luego confesó: «El SEÑOR, el Dios de ustedes, es Dios arriba en los cielos y abajo en la tierra» (v. 11).

Puede que, en Jericó, Rahab fuera una prostituta, pero en secreto era una hija de Yahvé.

La historia bíblica tiene un humor seco. Cuenta los chistes con tal seriedad que, a menudo, los más piadosos no los perciben. O quizás simplemente tienen miedo de reírse. Cada vez que leo esta historia de dos espías, un burdel y una prostituta llamada Rahab, no puedo evitar reírme de las formas en que Dios saca a sus hijos de apuros, haciendo las cosas al revés. Y de las personas inverosímiles que utiliza para ello.

Estos dos israelitas eran personas que pertenecían al ámbito de la religión; lo que llamaríamos asistentes a la iglesia. Diáconos de la congregación israelita. Creyentes que poseían la Biblia. Asistían a los servicios del *sabbat* en el tabernáculo. Cantaban los salmos sagrados. El propio Moisés había sido el predicador de ellos. Sin embargo, ahí estaban, siendo instruidos en los maravillosos caminos de Yahvé por una mujer de la industria del sexo. En una ciudad en la que solo habrían esperado encontrar enemigos paganos destinados a la espada, descubrieron a una amiga de Dios que les salvó el pellejo y además les enseñó algo de teología.

Cuando finalmente el ejército israelita se precipitó sobre los escombros de las murallas derrumbadas de Jericó, Josué ordenó a los dos soldados que fueran a rescatar a la mujer que antes los había rescatado a ellos. «Sacaron a Rahab, a su padre, a su madre, a sus hermanos, y todo lo que poseía» (6:23). Como dice Hebreos: «Por la fe la ramera Rahab no pereció con los desobedientes» (Heb 11:31). Su fe también había sido activa en el amor. No solo dejó a los dos espías con vida, sino que hizo lo necesario para que toda su familia estuviera a salvo mientras su ciudad era demolida.

Lo que ocurrió más tarde con Rahab es material de ironía bíblica. La prostituta de Jericó fue no solo la salvadora de Israel, sino que se convirtió en miembro adoptivo del pueblo de Dios. «Ella ha habitado en medio de Israel hasta hoy», dice la Biblia (Jos 6:25). Pero eso no es todo. Un hombre llamado Salmón, de la tribu de Judá, convirtió a Rahab en su esposa. Juntos tuvieron un hijo llamado Booz, que a su vez se casó con una mujer de origen gentil llamada Rut (Rut 4:13). Y Rut se convirtió en la bisabuela del rey David (vv. 21-22), de cuyo árbol genealógico nacería Jesús.

En un giro de los acontecimientos que nadie podría haber previsto, una mujer gentil que se ganaba la vida teniendo relaciones sexuales con extraños, creyente en el único Dios verdadero, llegó a ser maestra en Israel y una de las madres del Mesías. La sangre de una mujer ajena a la religión latió por las venas del Hijo de la virgen.

Afiliación a un club religioso

A medida que avanzamos en la historia bíblica, descubrimos reiteradamente que los miembros oficiales de la comunidad religiosa no son necesariamente la evidencia suprema de fidelidad y piedad. A menudo es exactamente al revés. Israel es el «especial tesoro» de Yahvé (Éx 19:5), pero, ¿qué es lo que ellos mismos consideran su tesoro? Tener músculos militares, cuentas bancarias abultadas y todo un panteón de dioses enclenques carentes de deidad. Apenas hay una página del Antiguo Testamento en la que no encontremos tendida la ropa sucia de los elegidos de Dios.

Pero el problema de fondo no puede equipararse a la multitud de los problemas superficiales. Tendemos a fijarnos en los escándalos de Sansón, el perseguidor de faldas, o los de Absalón, el golpista, o los de Jeroboam, el fabricante de ídolos, pero esos son los síntomas externos de una enfermedad fundamental. El problema no consistía simplemente en una ética sexual laxa o un coqueteo permanente con deidades falsas.

El problema más profundo que se manifestaba en estos males externos era el siguiente: una obstinada negativa a escuchar y creer en la Palabra de Dios. Todos los pecados de Israel comenzaban en sus oídos.

Los profetas, como un disco rayado, predicaban: «Escuchen la Palabra de Yahvé». Crean en él. Síganlo. Presten atención a su Palabra. Jeremías dice: «Desde el día que los padres de ustedes salieron de la tierra de Egipto hasta hoy, les he enviado a todos Mis siervos los profetas, madrugando cada día y enviándolos. Pero no me escucharon ni inclinaron su oído, sino que fueron tercos e hicieron peor que sus padres» (Jer 7:25-26). Es como si Dios dijera: «Mira, Israel, cada mañana me levanto al amanecer y lo primero que hago es lanzarte otro profeta». Y lo primero que Israel hace es ponerse auriculares en los oídos para escuchar la música de la desobediencia.

Esto significa que el principal problema de Israel es el mismo que enfrentamos hoy en la Iglesia. No son los escándalos entre los dirigentes, la apatía de los oyentes o la irrelevancia frente a una cultura secular. Nuestro principal problema es y será siempre la incredulidad. Una incredulidad hecha posible por la sordera ante la Palabra de Yahvé. Una sordera hecha posible por el orgullo. Y un orgullo hecho posible, demasiado a menudo, por la suposición de que estamos bien con Dios porque nuestros nombres figuran en la lista de miembros de una Iglesia. La adhesión externa a una institución religiosa no es garantía de una adhesión interna al Dios de la cruz. De hecho, tal como los judíos de la época de Jesús afirmaban ser los favoritos de Dios porque Abraham era su padre, la tentación actual es afirmar que somos los favoritos de Dios porque pertenecemos al club llamado cristianismo.

Para contrarrestar esta mentalidad de club, y recordarnos que la afiliación externa a la Iglesia no es lo mismo que una creencia interna en su Palabra salvadora, Dios tiene la costumbre de presentarnos a mujeres como Rahab. Y a hombres como Willy.

El rey de la casa móvil doble

Conocí a Willy cuando empecé a conducir camiones en los yacimientos de petróleo y gas del Mango de Texas. Trabajábamos juntos en el turno de noche, transportando aguas residuales de los pozos, conduciendo camiones cisterna para arriba y para abajo por las serpenteantes carreteras de tierra de la oscura campiña. Por aquel entonces, yo era un hombre atormentado por los demonios de la vergüenza y el fracaso. Sufría las heridas recientes de la implosión de mi carrera profesional y el final de un matrimonio de dieciséis años. La oscuridad y la suciedad de este trabajo encajaban con mi perspectiva de la vida. Cuando no estaba en el trabajo, me sentaba en casa, llenando y volviendo a llenar mi vaso de Jim Beam, y mirando los tres diplomas de maestría religiosa que colgaban de la pared, burlándose de mí. Estaba dominado por mis defectos destructivos. Así que Dios me envió a Willy, el improbable profeta del campo petrolífero.

Willy era un alfeñique que siempre llevaba botas de vaquero y la mitad del tiempo olvidaba ponerse la dentadura postiza. Su vida no había sido fácil. El trabajo duro y los problemas de salud habían dejado una huella en él. Lo habían despedido de su último empleo, así que ahora debía conducir una hora y media para llegar a trabajar. Tres horas para ir y volver, más doce horas de trabajo, no le dejaban mucho tiempo para dormir. Ni para divertirse. Ni para su familia.

Una noche, tarde, estábamos sentados en la sala de descanso mientras nuestros remolques se descargaban. En el aire flotaba humo de cigarrillo. Sorbíamos café negro espeso para mantenernos despiertos. Un conductor levantó la vista del periódico para comentar el premio récord de lotería que le esperaba al tipo que tuviera los números de la suerte. Y entonces, uno a uno, comenzamos a soñar en voz alta con lo que haríamos si ganáramos ese dinero. Comprar una mansión en una isla privada, dijo uno. Viajar por todo el mundo, dijo otro. Las mismas respuestas trilladas que se oyen cada vez que se juega a ese juego. Pero con Willy fue diferente. Cuando llegó su turno, Willy bebió un sorbo de café, miró algún objeto invisible en el techo, y dijo: «Esto es lo que haría. Buscaría una casa móvil doble, lo más grande posible, me compraría unas cuantas hectáreas y me llevaría a toda mi familia a vivir conmigo. Cuidaría de ellos. Podríamos simplemente estar todos reunidos. No tendría que preocuparme de nada. Si el buen Dios me bendijera con tanto dinero, podríamos relajarnos y disfrutar de la vida juntos. Sería mi sueño hecho realidad».

¿Has vivido una de esas ocasiones en las que alguien dice algo que luego nadie recuerda excepto tú? Cada palabra queda cincelada en el muro de tu memoria. Puedes recordar el tono de voz, la cadencia del habla, y aun la expresión facial de quien habló. Es como si, en ese momento, el vacío irregular de tu corazón se llenara perfectamente con palabras divinamente moldeadas para él. Eso ocurrió conmigo cuando Willy habló.

Estaba llorando la pérdida de la vida que había deseado para mí. Sin embargo, había sido una vida que giraba en torno a mi ego. A mis aspiraciones. A mis logros. Al final, mi ambición resultó ser mi perdición. Mi matrimonio quedó destrozado. Mis hijos sufrieron el desgarro de nuestra familia. Perdí mi trabajo, mi carrera, la mayoría de mis amigos y mi futuro cuidadosamente planeado. Era un camionero divorciado, desinflado y avergonzado que se tambaleaba al borde de la desesperación final.

Así que Dios me hizo una visita. No apareció como un pastor con cuello clerical que me citó la Biblia. No traía una sola credencial eclesiástica. Dios apareció calzando botas de vaquero, fumando un cigarrillo y soñando con una vida sencilla y llena de satisfacción, rodeado de la familia que amaba. En las palabras de Willy oí la voz del Todopoderoso susurrándole palabras de sabiduría a un hombre insensato que lo había despilfarrado todo. Y lo oí llamarme otra vez a una vida arraigada en la belleza de la sencillez.

Todos perdemos el rumbo en un momento u otro de la vida. Olvidamos dones básicos y hermosos como la familia y los amigos. Perseguimos placeres ilusorios o sueños vanos que nunca satisfarán nuestras necesidades humanas más profundas de amor y alegría. Con demasiada frecuencia, terminamos quedándonos con un vacío aun mayor que al inicio de nuestra búsqueda. Así que, misericordiosamente, Dios pone a un Willy en nuestro camino. Es el improbable pastor enviado para guiarnos a casa. Entrena tus oídos para escucharlo. Entrena tus ojos para ver más allá de su tosco exterior. Él o ella será el predicador más improbable que hayas visto jamás. Una vasija sin gloria, llena de una verdad gloriosa y salvadora de vidas.

En aquella casa móvil doble, rodeado de su familia, mi amigo Willy habría entrado a su reino. Podría hacer más que pasar quince horas al día en la carretera y el trabajo. Podría vivir una vida sencilla en la que lo primero fuera lo primero. La fe en Dios de Willy era extraordinaria por su carácter ordinario. Confiaba en que Dios cuidaría de él y su familia tanto si ganaba la lotería como si no. Si la ganaba, tanto mejor. Pero si no, seguiría haciendo lo necesario para poner comida en la mesa. Era un marido, padre y abuelo que encarnaba el sacrificio. Tenía una ambición silenciosa: amar. Dar de sí mismo. Considerar a los demás como más importantes que él. Preguntarse siempre: *¿Qué puedo hacer por los demás, especialmente por mi familia?*

Trabajé con Willy unos dos años. Él nunca ganó la lotería, pero yo me hice rico. En los campos petrolíferos encontré a un hombre santo, un vaquero salomónico cuyas sabias palabras calaron hondo en mi alma y acabaron dando fruto. Reorientó mi vida, alejándola de la grandeza de los logros egoístas y acercándola a la sencilla belleza del amor abnegado. Dentro de este hombre ajeno al ámbito religioso, me sorprendió felizmente descubrir a un sabio y a un santo.

Cómo asombrar a Jesús

En el ministerio de Jesús hubo muchas ocasiones en las que la gente también se sorprendió. Quedaron *thaumázō* —el verbo griego que significa maravillarse, sorprenderse o asombrarse—. Por ejemplo, cuando nuestro Señor calmó la tempestad en el mar, o hizo que se marchitara la higuera o fue más astuto que los que intentaban atraparlo en sus palabras, la gente que lo rodeaba se sorprendió. «Se maravillaron» o «quedaron asombrados» (Mt 8:27; 21:20; 22:22). Quedaron *thaumázō* ante su poder y sabiduría.

Sin embargo, el propio Jesús *thaumázō*[1] en solo dos ocasiones. Y en ambas, su asombro o sorpresa fue resultado directo de la fe, o de la falta de ella.

Al principio de su ministerio, cuando Jesús regresó a su ciudad, Nazaret, para predicar en la sinagoga, sus antiguos vecinos se escandalizaron por sus afirmaciones mesiánicas. Según el relato de Lucas, las cosas se agravaron rápidamente. Se enfurecieron tanto que echaron a Jesús de la ciudad e intentaron despeñarlo (4:29). Marcos se limita a decir: «No pudo hacer allí ningún milagro; solo sanó a unos pocos enfermos sobre los cuales puso Sus manos» (6:5). Luego añade que Jesús «estaba maravillado de la incredulidad de ellos» (v. 6).

Aquellos que habían visto crecer a Jesús, que conocían a su familia, que eran judíos, y que eran la definición misma de la pertenencia al ámbito religioso, lo rechazaron, e incluso trataron de matarlo. Y Jesús se quedó boquiabierto ante la incredulidad de ellos.

A unos treinta kilómetros de Nazaret, en la orilla norte del mar de Galilea, Jesús volvió a asombrarse, esta vez por el motivo contrario. Al entrar en la ciudad de Capernaúm, un centurión romano le rogó a Jesús que curara a su criado paralítico. Cuando Cristo se ofreció para visitar la casa de este gentil, el centurión le dijo que no era necesario que se tomara tantas molestias. Jesús solo tenía que «decir la palabra» (Mt 8:8). Su palabra recorrería el camino. Unas pocas sílabas poderosas y autoritativas de Jesús harían que su siervo volviera a ponerse rápidamente en pie. El centurión estaba apostando la vida de su criado. Tal como los soldados a su mando obedecían sus órdenes, lo que Jesús ordenara se cumpliría. Si él decía: «Que así sea», así sería. Jesús, para el centurión, era un Señor como el de Génesis 1. Al oír la confesión del centurión, Cristo *thaumázō*: «... se maravilló y dijo a los que lo seguían: "En verdad les digo que en Israel no he hallado en nadie una fe tan grande"» (v. 10).

Los que pertenecían a la religión —los judíos, la propia gente de su ciudad— sorprendieron a Jesús con su falta de fe.

El que no pertenecía a la religión —el soldado, el gentil— sorprendió a Jesús por la plenitud de su fe.

En el siglo XXI no es diferente que en el primero. La confianza en Cristo desafía la raza, la etnia, el género, la orientación sexual o cualquier otra categoría personal o cultural en la que tendamos a encasillar a las personas. Desafía, asimismo, la pertenencia o no pertenencia a una comunidad religiosa. El Espíritu actúa dondequiera que esté su Palabra. Y actúa para ayudarnos a que veamos esto, nos alegremos por ello y abracemos a nuestros improbables hermanos y hermanas en Cristo, sean quienes sean y estén donde estén.

El Espíritu sopla como le da la gana por el vasto campo de la humanidad, esparciendo las semillas de la gracia en todo tipo de terrenos. Y a menudo esas semillas caen en los lugares «equivocados», en corazones que creemos inhóspitos para el mensaje de Cristo. Como el corazón de una prostituta de Jericó, el de un trabajador de un campo petrolífero de Texas, o el de un centurión de Capernaúm.

De hecho, a veces esas semillas brotan más por entre las grietas del asfalto que en la tierra ricamente abonada del jardín de una iglesia: en lugares como Moab.

Rut: La fiel mujer externa

El cumpleaños nacional de los moabitas no habría sido celebrado con el equivalente antiguo de los fuegos artificiales que pintan el cielo de rojo, blanco y azul. Su génesis estuvo en las afueras de la tierra quemada de Sodoma y Gomorra, donde el aire aún estaba contaminado por el hedor del fuego y el azufre. Un par de ángeles habían rescatado a Lot y a sus dos hijas de la incineración de su ciudad. Estos tres sobrevivientes se refugiaron en una cueva de la remota región montañosa mientras decidían a qué lugar irían después. El lugar al que «irían después» marca un oscuro capítulo de la historia bíblica.

En dos noches sucesivas, las chicas sacaron el alcohol, emborracharon a su padre y tuvieron relaciones sexuales con él. Nueve meses después, ambas tuvieron hijos fruto del incesto. La mayor de estas dos hijas llamó a su hijo Moab, que significa «de [mi] padre». Este niño crecería para convertirse en el patriarca de los moabitas.

Una nación concebida a medianoche en una cueva, a la sombra de Sodoma, en estado de ebriedad y por la vía del incesto, es el lugar más improbable que uno podría imaginar para encontrar a un amigo de Dios. Sin embargo, aquí, entre los moabitas, encontramos a una mujer tan célebremente fiel y amante que algunas de sus palabras siguen grabándose en los anillos de los matrimonios actuales.

Su nombre era Rut. Era una gentil, ciudadana de Moab, que por vía de casamiento había contraído parentesco con una familia israelita que emigró a su país huyendo de una hambruna en la tierra santa. En el transcurso de una década, sus vidas se vieron salpicadas por una serie de funerales. Uno a uno, los hombres de la familia fueron muriendo, incluido el marido de Rut. Sobrevivieron tres mujeres: la matriarca Noemí, y sus dos nueras, Rut y Orfa. Cuando Noemí decidió regresar a su patria, les dijo a estas mujeres moabitas que se quedaran entre los suyos, volvieran a casarse, regresaran a sus antiguos dioses y reiniciaran sus vidas. Ella ya era vieja. Sus pérdidas la habían amargado. Y, para colmo, parecía que Yahvé la había elegido para cargar sobre ella el peso de su mala voluntad.

Orfa, con lágrimas en los ojos, se despidió de Noemí y se marchó. Rut permaneció inmóvil, obstinada, teniendo los hilos de su corazón entrelazados con los de Noemí. «No insistas en que te deje o [en] que deje de seguirte», dijo. «Porque adonde tú vayas, yo iré, y donde tú mores, moraré. Tu pueblo será mi pueblo, y tu Dios mi Dios. Donde tú mueras, allí moriré, y allí seré sepultada. Así haga el SEÑOR conmigo, y aún peor, si algo, excepto la muerte, nos separa» (Rt 1:16-17).

Puede que el linaje de esta hija de Moab se remontara a uno de los episodios más oscuros y despreciables de la historia bíblica, pero aquí se hallaba en la luz, rebosante de amor, y entregada a la familia, a la fe y a un futuro que solo Yahvé determinaría.

Ese futuro, como ya se dijo, consistiría finalmente en repatriarse a la tierra santa con Noemí, casarse con un hombre de Israel llamado Booz y convertirse en la bisabuela del rey David. Mateo incluye a Rut en su genealogía del Mesías (1:5). Si escarbas lo suficiente en las raíces del árbol genealógico de Jesús, acabarás con Rut en Edom. Escarba aun más, y te encontrarás en una cueva, a las afueras de Sodoma, con un hombre ebrio y dos hijas embarazadas que esperan hijos de él. No obstante, aun en este lugar impío, Dios estaba actuando. Estaba redimiendo una situación aparentemente irredimible. Estaba sentando las bases para la salvación del mundo a partir de un hijo de incesto, que engendraría una nación de la que surgiría Rut, amiga y portavoz de Yahvé. Vemos la semilla de la fe florecer plenamente en un terreno muy alejado de los confines de Israel. En su tranquila y obstinada voz de fidelidad a Noemí y a Dios, oímos hablar al Espíritu.

Las voces silenciosas

No escasean las voces fuertes en el centro de la clase dirigente religiosa. Desde el Vaticano hasta los célebres pastores de las megaiglesias pasando por los blogueros cristianos conservadores, cuando alguno de ellos habla, sus palabras se propagan por todo el mundo, llevadas por las olas de las redes sociales. Una breve publicación puede convertirse en la versión moderna del «disparo oído por todo el mundo». Entre los cristianos, estos hombres y mujeres son nombres conocidos. Escuchamos sus pódcast, les pedimos que nos autografíen sus libros, y oímos citas de ellos en sermones. Y esto no tiene nada de malo. A menudo hay sabiduría en lo que dicen.

El problema es el siguiente: nuestros oídos se pueden acostumbrar tanto a estas voces estridentes que nos volvemos sordos a las voces silenciosas que, desde los márgenes, susurran una profunda sabiduría. Los amigos de Dios en los campos petrolíferos, los minisupermercados y los comedores de beneficencia del mundo. Las Rahab, las Rut y los centuriones romanos de hoy, junto a quienes pasamos de largo sin plantearnos que, en sus labios, podría haber un conocimiento de Cristo más grande que el que encontraríamos en un púlpito.

Pablo dice que no muchos tenían doctorados en la Iglesia de Corinto. No había muchos «sabios conforme a la carne» (1Co 1:26). Sin embargo, Dios eligió intencionalmente lo que el mundo considera necio a fin de avergonzar a los sabios. No provenían de familias famosas. Pero, una vez más, Dios escogió lo débil, lo bajo y lo despreciado, para avergonzar a los fuertes. Estirando su argumento al máximo, Pablo llega a decir que Dios eligió «lo que no es, para anular lo que es» (v. 28). En otras palabras, Cristo estaba actuando en esta ciudad romana precisamente donde nadie esperaba que lo hiciera. No lo estaba haciendo entre los supuestamente sabios, fuertes y ricos, sino entre los donnadies. Entre los inadvertidos, los incultos y los desatendidos. Los ojos de Dios estaban fijos en hombres y mujeres que el mundo era incapaz de ver.

Hoy, la mayoría de las veces somos ciegos a estas personas. Para ver a Dios obrando, necesitamos reorientar nuestra visión hacia abajo, hacia los lugares humildes e inferiores. Reentrenar nuestros oídos para oír las voces silenciosas, los teólogos obreros por medio de los cuales Dios susurra palabras de sabiduría. Estas personas no están en nuestro camino, sino a un costado. Debemos girarnos para verlos. Son aquellos que están en los márgenes. Tal como Jesús no tenía «belleza ni majestad alguna; su aspecto no era atractivo y nada en su apariencia lo hacía deseable» (Is 53:2 NVI), así acecha hoy entre los comunes, los poco atractivos, los sencillos y los olvidados.

Por ejemplo, no fue en un púlpito que escuché uno de los sermones más breves pero más memorables: fue junto a un contenedor de basura. Había parado mi camión detrás de una tienda para comprar un café. Al bajarme del camión, se me acercó una mujer. Tenía la cara de color marrón oscuro. Bluyines manchados, zapatos sin calcetines y ojos cansados. «Señor», dijo, «lamento molestarlo, pero ¿puede ayudarme?». Y señalando por encima de su hombro, me dijo que su marido estaba en el contenedor. Tenían hambre y él estaba rebuscando comida. ¿Podría darles algo?

Minutos después, cuando salí de la tienda, ella y su marido estaban de pie junto a mi camión. Les entregué los dos emparedados submarinos que había comprado dentro. El hombre los cogió, se los dio a su mujer y me tendió la mano. Se la estreché, sintiendo en la palma la suciedad y la grasa del contenedor. En su rostro curtido brillaba una gratitud más profunda que cualquier otra cosa que hubiera presenciado jamás. «Gracias, señor», dijo, «muchas gracias. No tenemos casi nada. Acabamos de llegar a la ciudad hace algunas noches. Hemos estado durmiendo bajo el puente de allí. Pero Dios... parece que él siempre envía gente para ayudarnos. Jesús ha sido bueno con nosotros así. Siempre nos provee». Y dándome otra vez las gracias, se alejaron, y salieron de mi vida, pero nunca de mis recuerdos y gratitud.

Un hombre sin dirección postal, ni automóvil, ni cuenta de ahorros, un hombre a punto de comer de un cubo de basura, me dijo que «Jesús ha sido bueno con nosotros así».

Cada vez que pienso en aquel sermón, al lado del basurero, pronunciado por un profeta vagabundo, recuerdo que la sabiduría acecha en los lugares apartados. Profunda gratitud entre los pobres y los olvidados. Jesús ha sido bueno con nosotros así. Sí, lo ha sido. Y fue bueno conmigo, al enviar a ese hombre a mi vida por unos breves momentos. Me recordó que Dios tiene amigos en las bajas esferas. En las bajas esferas florece una fe profunda. Y desde esas bajas esferas, la voz de Dios resuena en los labios de su pueblo.

Gracias a Dios por los pastores, los líderes eclesiásticos, los autores cristianos superventas, y por todos aquellos que ocupan puestos destacados y son utilizados por Cristo para proclamar su Buena Nueva de salvación para el mundo. Pero gracias, también, a Dios por aquellos que, sin haber leído jamás una palabra de Martín Lutero o Karl Barth, llevan vidas marcadas hasta la médula por la teología de la cruz. Conducen tractores, preparan hamburguesas, instalan tejas, y sí, escarban en los contenedores de basura. A veces son miembros de una congregación, otras veces no. Como Rahab, algunas son prostitutas o trabajan en clubes de estriptís. Otros, como el centurión, llevan rifles y visten uniforme de combate. Otros, como mi amigo Willy, conducen un camión y sueñan con una vida sencilla en una casa móvil doble rodeados de las risas de sus nietos.

Cada uno de ellos encarna la terrenalidad de la teología. El mismo Dios que nació en un granero y se acostó en un comedero está envuelto en las cosas comunes de sus vidas poco asombrosas. El mismo Dios que no tuvo donde reclinar su cabeza duerme con ellos debajo de los puentes. El mismo Dios que fue expulsado por las altas esferas religiosas de su época se sienta y llora con quienes han sido quebrantados por la Iglesia. El mismo Dios que murió entre dos criminales se reúne hoy con convictos y exconvictos. El mismo Dios que dejó que una prostituta llorara a los pies de él, y le secara los pies con los cabellos, abraza y besa hoy a mujeres creyentes que se han visto involucradas en el comercio sexual. Él es el Dios de la cruz que se encuentra donde el mundo no lo busca —o donde la Iglesia, demasiado a menudo, no espera que esté—.

Jesús está allí para ellos, para nosotros, y para todos. Es un Dios de sorpresas, cuyos métodos nos impactan para que ampliemos nuestros horizontes. Los obreros de su viña pueden llevar traje y corbata, botas y bluyines, o cuero y tatuajes. Pero todos son obreros de él. O, más exactamente, son sus hijos. La familia de Dios está llena de inadaptados. Siempre lo ha estado, y siempre lo estará. Porque la familia de nuestro Padre se basa en la gracia, no en ser buenos.

Preguntas de discusión

1. Lean Romanos 10:12-15. ¿A quién oímos normalmente enseñar y proclamar la Palabra de Dios? ¿A quién más utiliza el Señor para decir su verdad? ¿Quiénes son las personas ajenas a la religión y cómo Dios también las utiliza para hablar su Palabra? Analicen algunos ejemplos.

2. Lean Josué 2:1-21. ¿Quién era Rahab y cómo ayudó a los espías israelitas? Comenten sus palabras en los versículos 9-13. ¿Qué sabía ella de Dios? ¿Qué confiesa sobre el Señor en el versículo 11? ¿Cómo utilizó el Señor sus palabras y acciones?

3. Lean Josué 6:25 y Mateo 1:5. ¿Cómo encaja Rahab en la historia más amplia de Israel? ¿Cómo respondieron algunas prostitutas de la época de Jesús al propio Jesús y su ministerio (Mateo 21:31-32)? Analicen lo que esto revela sobre el inesperado uso que el Señor hace de las personas ajenas a la religión que todavía dan testimonio de él.

4. ¿Qué significa que «Todos los pecados de Israel comenzaban en sus oídos»? Lean Jeremías 7:23-26. ¿Por qué es tan importante escuchar la Palabra del Señor (Isaías 55:6-11; Hebreos 4:12)? Analicen cómo escuchamos, o no, esa Palabra. ¿Cómo describe Pablo la Palabra del Evangelio (Ro 1:16)? ¿Qué nos da ese Evangelio?

5. ¿Qué significa que «La adhesión externa a una institución religiosa no es garantía de una adhesión interna al Dios de la cruz»? Hablen de lo que esto significa para la vida de la Iglesia y la pertenencia formal a la Iglesia.

6. ¿Cómo utilizó el Señor a Willy para recalibrar y reorientar la vida de Chad? ¿Han tenido alguna experiencia similar en la que Cristo, mediante el simple testimonio de un amigo, colega o desconocido, los haya dirigido nuevamente a una vida arraigada en la fe, la esperanza y el amor?

_____

_____

_____

7. Repasen las dos ocasiones en que Jesús se «asombró» o «maravilló» (Marcos 6:1-6 y Mateo 8:5-13). ¿En qué se diferencian estas dos situaciones? Analicen cómo a veces la fe se encuentra donde menos lo esperamos. ¿Dónde podríamos ver eso en nuestro mundo actual?

_____

_____

_____

8. Repasen la historia de Rut. ¿Cuál era la deplorable herencia de Moab (Génesis 19:30-38)? ¿Qué le prometió Rut a Noemí (Rut 1:16-17) y de qué manera está Rut relacionada con David y Cristo (Rut 4:17-22; Mateo 1:5)? ¿De qué manera esta historia revela la forma en que Dios tiene «amigos en las bajas esferas»?

_____

_____

_____

9. ¿Qué otros ejemplos de las Escrituras vienen a la mente cuando vemos al Señor utilizar a una persona poco convencional o una situación sorprendente para comunicar su voluntad? ¿Qué significa que «La familia de Dios está llena de inadaptados»? Analicen cómo esta verdad puede cambiar la forma en que interactuamos con los demás y los escuchamos.

_____

_____

_____

3

Sitios frecuentados desolados

El brazo norte del río Rojo pasa danzando por las colinas y llanuras del condado del norte de Texas en que crecí. Los álamos, como pretendientes tímidos, lo admiran desde la distancia, hundiendo sus raíces en el suelo arenoso para beber de su vida. Sus orillas están salpicadas de huellas de ciervos de cola blanca, coyotes y jabalíes. Es una fuente de agua inconstante. He sido testigo de cómo se hincha, orgulloso, cuando las tormentas azotan e inundan los arroyos que se alimentan de sus aguas. Y he estado en medio de él, arrodillado en la arena, y he podido hundir el pie entero antes de sentir la humedad bajo su barniz desértico.

Pasé gran parte de mi adolescencia junto a este río. Cazando, haciendo senderismo, y explorando las cuevas hundidas en sus acantilados circundantes. Fue también aquí, en la parte alta del río, donde descubrí mi propio lugar delgado.

Ese era el nombre que les daban los celtas. Ellos creían que, en ciertos lugares sagrados, la distancia entre la tierra y el cielo se reduce hasta convertirse en un velo casi translúcido. Es un lugar delgado, casi como el armario mágico que servía de portal a Narnia. Excepto que, en un lugar delgado, no entras a un mundo diferente. Tu mundo choca con otro. Es un lugar que te desnuda, que reconfigura la arquitectura de tu alma.

Si le das la espalda al río Rojo, avanzas por entre las espinosas ramas de los arbustos de ciruelas silvestres y te arrastras gateando por la ladera, llegas a un peñasco en forma de puño. Luce como si la mano de un antiguo dios del inframundo hubiera atravesado la superficie de la tierra en señal de desafío.

Una vez por semana, normalmente el domingo en la tarde, peregrinaba a esta roca. Subía por su superficie picada de viruelas. Me sentaba en su cima. Contemplaba la vista del agua, los árboles y las colinas ondulantes que se desvanecían en la distancia. Allí hablaba con Dios. Soñaba en voz alta. Sentía una intimidad con lo invisible.

En ese tiempo, yo era niño. Hablaba como niño. Pensaba como niño. Razonaba como niño. Para deleitarme en la presencia del Todopoderoso, dejaba atrás la vida ordinaria. Había encontrado un lugar donde sentía la cercanía de la divinidad; donde la solemnidad y la santidad eran palpables.

No tenía ni idea de que, en las futuras odiseas de mi vida, descubriría que los lugares elegidos por Dios no son necesariamente catedrales de la naturaleza. Cuando niño, percibía a Dios en lo alto de aquella roca alta y grandiosa. Siendo hombre, descubrí a Dios donde parecía estar ausente: en las grietas hondas y oscuras del mundo.

La parte inferior de la creación

Jesús dice que, cuando vuelva, se sentará en su trono glorioso, reunirá ante sí a todas las naciones y las separará como un pastor separa a las ovejas de los cabritos (Mt 25:31-46). Dirigirá palabras a cada grupo, acogiendo a los creyentes en el reino preparado para ellos desde la fundación del mundo, y desterrando a los incrédulos al fuego eterno preparado para el diablo y sus ángeles.

Esta escena de juicio es conocida por la mayoría de los lectores de la Biblia. Sin embargo, a menudo pasamos por alto una profunda verdad incrustada en estos versículos.

A las ovejas, Jesús les dice: «Tuve hambre, y ustedes me dieron de comer; tuve sed, y me dieron de beber; fui extranjero, y me recibieron; estaba desnudo, y me vistieron; enfermo, y me visitaron; en la cárcel, y vinieron a Mí» (vv. 35-36). Sin embargo, los creyentes se sienten confundidos. «¿Cuándo te hemos visto hambriento, sediento o necesitado?», preguntan. Y Jesús responde: «En verdad les digo que en cuanto lo hicieron a uno de estos hermanos Míos, aun a los más pequeños, a Mí lo hicieron» (v. 40). En palabras de Robert Capon: «El criterio para recompensar a las ovejas no es otro que su aceptación ciega, por fe, de un rey que solo se ha aparecido al mundo bajo la apariencia de los últimos, los perdidos y los más pequeños». Todo el tiempo, Jesús estuvo allí, paradójicamente presente «en la parte inferior de la creación»[1].

Nos encontramos cara a cara con el Creador en la parte inferior de la creación. Dios se envuelve con el manto de aquello que no es como él. «Porque el Señor es excelso, y atiende al humilde» (Sal 138:6). Aunque es poderoso, habita entre los impotentes. Al entrar en el espacio personal de Dios, no verás a un anciano de barba blanca, brillante como el fuego, sobre un trono dorado. Su aspecto es el de una cafetería escolar llena de alumnos de tercero. Luce como ese sobrino tuyo que fue sorprendido traficando marihuana y acabó en la cárcel. Se ve como el sujeto de contabilidad que ingresó en la UCI el fin de semana. Dondequiera que se encuentren los últimos, los perdidos y los más pequeños, allí es donde Dios pasa su tiempo.

Si de verdad hay lugares delgados en este mundo, las necesidades cotidianas del mundo les confieren espesor.

El susurro de una brisa apacible

Ciertamente, en la historia ha habido momentos en los que el Señor se ha manifestado a la gente de un modo estremecedor y sobrecogedor. Momentos en los que ningún ojo ni oído pueden pasar por alto que están pisando tierra santa.

Dios se apareció a Israel mientras acampaban en el monte Sinaí. «Hubo truenos y relámpagos y una densa nube sobre el monte y un sonido tan fuerte de trompeta, que hizo temblar a todo el pueblo que estaba en el campamento» (Éx 19:16). El Sinaí «humeaba, porque el Señor había descendido sobre él en fuego» (v. 18). Esta pirotecnia divina hizo que Israel, y aun Moisés, se acobardaran de miedo. Se trataba de un espacio inequívocamente sagrado.

Dios se apareció a Isaías mientras este adoraba en Jerusalén. Vio a Yahvé «sentado sobre un trono alto y sublime, y la orla de Su manto llenaba el templo» (Is 6:1). A su alrededor volaban serafines de seis alas, cantando: «Santo, Santo, Santo, es el Señor de los ejércitos, llena está toda la tierra de Su gloria» (v. 3). Mientras el templo temblaba y la casa se llenaba de humo, Isaías exclamó que era hombre muerto. Era impuro y, sin embargo, sus ojos habían visto al Rey. Solo después de que un ángel purificara sus labios con un carbón del altar, el profeta se recompuso. Este también era claramente suelo sagrado.

Estas teofanías, o «apariciones de Dios», así como otras similares del Antiguo Testamento, presentan un rasgo común: no dejaban a los escépticos, agnósticos o ateos dudando sobre lo que acababa de ocurrir. Dios se colaba en la fiesta de la humanidad a lo grande. Era tan incontrovertible como el sol que brillaba en el cielo. La gente veía a Dios en su Divinidad. Era increíble y aterrador. Y era infrecuente.

Sin embargo, en el AT, la aparición que más revela de Dios es, a la vez, la menos asombrosa. También ocurre en el Sinaí, aunque esta vez, el único testigo de la escena es Elías. Primero, ante el profeta pasan rugiendo tres fenómenos naturales, todos ellos aparentemente cargados de electricidad divina: un viento grande y fuerte que desgarra las montañas y parte las rocas en pedazos. Un terremoto que sacude el monte y lenguas de fuego que lamen la tierra. Yahvé rebusca entre los disfraces más estridentes del armario de la naturaleza. Sin embargo, uno por uno, los deja todos en la percha. Oímos esta letanía: «Pero Yahvé no estaba en el viento... pero Yahvé no estaba en el terremoto... pero Yahvé no estaba en el fuego» (1R 19:11-12).

¿Dónde, pues, estaba? «Y después del fuego, el susurro de una brisa apacible» (v. 12).

El susurro de una brisa apacible. O un sonido «apacible y delicado», como lo traduce la versión Reina Valera. La palabra hebrea para «apacible» (*dacá*) se utiliza para describir cosas delgadas como las vacas enjutas del sueño del Faraón (Gn 41:3) o el maná en forma de oblea (Éx 16:14). No se trató de un enorme bramido que reverberó por el desierto. Dios estaba susurrando algo en una voz baja, casi inaudible, y fácil de pasar por alto.

La vestimenta del Señor no encaja con él. Sus camisas y pantalones favoritos son tres tallas más pequeños. El viento habría abrazado bien su cuerpo. El terremoto estaba hecho a la medida de sus dimensiones. El manto de fuego tenía el volumen necesario para envolver su presencia. Pero la voz no. Le quedaba mal. Demasiado estrecha. Era impropio que una divinidad tan imponente se apretujara en un espacio tan diminuto como una brisa apacible.

Pero lo hizo. Ese es el sentido de esta tenue aparición de Dios a Elías. Evita la grandeza en favor de lo pequeño. Podemos pasar por el lado de Dios sin verlo, sin oírlo, y sin siquiera saber que está ahí. Toda la parafernalia de accesorios del Sinaí estará ausente. No veremos serafines de seis alas surcando el aire a nuestro alrededor. El espacio habitado por Dios parecerá pequeño y poco divino. Será un lugar susurrante. Incluso podría parecer el último lugar del mundo en el que esperarías quitarte los zapatos porque es suelo sagrado.

Altares invisibles

Los lugares en que nos encontramos con Dios cara a cara no son sino susurros en medio del ruido y el clamor de nuestro mundo carnavalesco.

Pueden lucir como una mecedora en la que una madre acuna contra su pecho a su bebé que llora. Sus párpados pesan y tiene los nervios a flor de piel. El reloj marca las 2:34 a. m. Jamás había pasado tanto tiempo despierta. Frente a su casa, un camión retumba. Entrando por la ventana, la luz de la luna proyecta extrañas sombras en las paredes del cuarto del bebé. La madre observa la carita que, apretada contra su piel, bebe de su cuerpo, completamente dependiente de ella para vivir. Le canta suavemente las mismas canciones que su madre le cantó una vez.

Es una madre. Este es su hijo. Y hacia delante y hacia atrás, hacia delante y hacia atrás, mece la silla sobre un altar invisible. Aquí, en este lugar, Dios está presente. Está en ella, llenando sus pulmones de aire y sus pechos de leche. Está en el niño, imagen en pañales del Creador, tejido en el vientre de su madre, y engendrado como un ícono del amor del Padre. Dios está en el alimentar y el ingerir, en el dar y el recibir, en la profunda sencillez de una madre y su hijo haciendo lo que hacen y siendo lo que son. Este es un altar, un lugar delgado, suelo sagrado en la habitación de un bebé.

Estas apariciones divinas pueden lucir como un tractor John Deere conducido por un granjero que, tirando de un arado, prepara la tierra para la siembra. Su gorra está manchada de sudor. Su único currículum son sus manos callosas. Su padre, y su abuelo antes que él, hundieron sus vidas en estas hectáreas de tierra del oeste de Texas. Mientras el tractor avanza, él coge un termo y se sirve una taza de café. Los últimos tres años han sido duros para la familia. Hace dos veranos, granizo. El año pasado, sequía. Tiene una hija que comenzará la universidad en otoño. Así que ara, planta y ora para que llueva.

Es un agricultor. Esta es su tierra. Y de ida y venida, de ida y venida, conduce el tractor sobre un altar invisible. Aquí, en este lugar de tierra, abono y semillas, Dios está presente. Está en este granjero de pueblo, abriendo surcos tan rectos como flechas a través de los campos. Está en el arar y el sembrar, en la cosecha y el transporte. Los humos del gasóleo ascienden como incienso ante el trono del Padre. Este hombre es un sacerdote rural, que trabaja en el tabernáculo de la granja, cultivando alimentos para dar de comer a un mundo hambriento. Este es otro altar, otro lugar delgado, suelo sagrado adicional.

Estas apariciones divinas pueden lucir como un taxi, que pega bocinazos y zigzaguea por el laberíntico tráfico de Nueva York. Pueden lucir como un puesto de avanzada en Afganistán, donde un infante de marina sostiene un fusil mientras sueña con volver a abrazar a su hija de tres años. Y pueden lucir como aserraderos, minas de carbón y fábricas de automóviles, donde los trabajadores hacen su labor, ganan su sueldo, y cuidan de sus familias. Estos lugares están repletos de las necesidades cotidianas del mundo. Junto a estos creyentes, Dios se mueve, de ida y venida, de ida y venida, sobre los altares invisibles del mundo, susurrando en medio del ruido: *Estoy aquí contigo. Tu trabajo es sagrado. Así es como cuido del mundo, a través de ti, en ti, y por ti.*

Estas apariciones divinas pueden también lucir como un apartamento de una habitación en Cincinnati, Ohio, donde un hombre de treinta y seis años se acurrucó en medio del suelo, en posición fetal, con el cañón de un revólver 357 en la boca. Dos meses antes, su mujer se había marchado con su hijo y su hija para mudarse al otro lado del país. Él había perdido su trabajo, su carrera, sus amigos y su reputación. Ahora había perdido a su familia. No tenía una razón para vivir. Así que vació la botella de Jim Beam. Cogió su pistola. Se desplomó en medio del suelo. Y acercó su dedo al gatillo de la eternidad.

Ese hombre fui yo, hace doce años. Y para delante y para atrás, para delante y para atrás, mecí mi cuerpo sobre un altar invisible. Allí, en ese lugar de lágrimas, remordimiento y desesperanza, Dios estuvo presente. Estuvo en este hombre quebrantado, sacándolo del borde de la muerte. Se acurrucó conmigo en la oscuridad. El Espíritu oró dentro de mí con gemidos demasiado profundos para ser verbalizados. En este lugar del cual Dios parecía estar a un millón de kilómetros, estuvo tan cerca como la sangre que goteaba de mi corazón fragmentado. Aquí Dios erigió un altar sobre el abismo de la desesperación. Aquí había un lugar delgado con una gruesa capa de sufrimiento. Este era suelo sagrado empapado con las lágrimas de un hijo de Dios fracasado y caído, pero perdonado.

A menudo, los lugares santos de Dios parecen lugares dejados de su mano. Como el suelo de un apartamento de una habitación. Como un juzgado de divorcios. Como un centro de rehabilitación. Como un agujero de 0,75 por 2,4 metros en la tierra, a punto de tragarse el cuerpo de tu marido, de tu madre, de tu hijo de doce años. Y gritas: «¿Por qué, oh Dios? ¿Dónde demonios estás cuando te necesito? ¿Por qué me has abandonado?». En las grietas más profundas de la depresión, el dolor y la pérdida, cuando nuestros ojos miran hacia arriba y todo lo que vemos es la puerta del cielo cerrada en nuestra cara, ahí también hay espacio sagrado.

Los tiempos más oscuros de nuestra vida son los años del desierto. Nuestro Padre nos lleva a donde no queremos ir; a donde se nos quita el control, y donde nos sentamos con Moisés, Israel, David, Elías y Jesús en las arenas del desierto. Allí aprendemos que toda nuestra vida depende únicamente de la Palabra de nuestro Dios.

Los años de la nada

Las cuatro décadas que el pueblo de Dios pasó en el desierto fueron los mejores y los peores años de la historia de Israel.

Fueron los peores porque se trataba de un «inmenso y terrible desierto, con sus serpientes abrasadoras y escorpiones, tierra sedienta donde no había agua» (Dt 8:15). Era el Edén al revés, donde todo lo malo del mundo parecía multiplicado. No había comida, agua, protección contra los elementos ni fortaleza contra los enemigos; solo la muerte, que seguía sus pasos día tras día. Parecía ser el último lugar del mundo en el que podrían encontrar al Dios de la vida.

Y fueron los mejores años de la historia de Israel porque, en este lugar dejado de la mano de Dios, Dios no los dejó. Se mudó con ellos. Viajó con ellos. Sufrió con ellos. Cuando tuvieron hambre, Yahvé les sirvió maná de la cocina del cielo. Cuando tuvieron sed, les transformó una roca de pedernal en una fuente de agua. Sus ropas nunca se rayeron y sus sandalias jamás se desgastaron (29:5). Donde no había nada, Dios les proporcionaba todo.

Durante las décadas en que Israel vagó por las arenas del desierto, Yahvé los humilló, los puso a prueba, y los disciplinó como un padre lo hace con su hijo (8:2-4). Les quitó todo el sustento que tenían. Los despojó de todos sus recursos. Los redujo a nada. Se convirtieron en el material ideal que Dios podía utilizar.

Tal como creó todo de la nada, solo por el poder de su Palabra, su continua labor creadora en el mundo permanece inalterada. De la nada de la debilidad, crea fuerza. De la nada del hambre, crea maná. De la nada de la vulnerabilidad, crea protección. Cada vez que experimentamos el desierto, Dios está machacando una sola lección: «El hombre no solo vive de pan, sino que vive de todo lo que procede de la boca del SEÑOR» (v. 3).

En medio de la tormenta de voces diferentes que predicen nuestra ruina, la boca del Señor emite el sonido de un susurro apacible: *No temas. Yo estoy contigo. Nunca te dejaré ni te abandonaré. Eres mi hijo amado en Jesucristo.*

Esa es la voz del todo que, en nuestros años de la nada, nos habla de esperanza. Nosotros no orquestamos estos años en el desierto. No soñamos con ser enviados al desierto de las lágrimas, el divorcio o el luto. Estas cosas llegan a nuestra puerta sin ser invitadas. Nos cogen por el brazo y nos obligan a dejar nuestros hogares, nuestras vidas ideales, y nuestra existencia cómoda y segura, para adentrarnos en una pesadilla hecha realidad. En un grande y aterrador desierto. Hasta los brazos de la propia muerte. Son los peores años, no solo porque perdemos todas nuestras redes de seguridad, sino porque parecemos estar en un lugar vedado incluso para Dios.

Casi todos los casos que conozco de personas que han vivido su propio desierto admitirán que, aunque nunca elegirían volver a ese lugar, fue allí donde más aprendieron sobre la cercanía de Dios. Por ejemplo, Tikhon Shevkunov, en su libro *Everyday Saints and Other Stories*, relata la historia de Gabriel, un cristiano ruso que aprendió esta lección[2]. Este hombre tenía un currículum brillante: había fundado Iglesias en el este de Rusia, había servido en una misión en Jerusalén y había sido abad de un monasterio. Sin embargo, en el camino, su infame temperamento descarriló su ministerio. En un acalorado enfrentamiento con un sacerdote, lo echó de su iglesia y lo tiró por las escaleras.

En una acción disciplinaria, se le prohibió servir en el clero ortodoxo por tres años. Abandonó la ciudad en ignominia. Pronto, sus escasos ahorros se agotaron. Al no encontrar otra forma de ganarse la vida, aceptó un trabajo como jardinero. El que una vez había estado rodeado de esplendor y poder, ahora pasaba sus días arrodillado en la tierra, desmalezando jardines.

En años posteriores, habiendo sido ya restaurado como ministro e incluso elevado a obispo, le preguntaron: «¿Cuál ha sido el momento más feliz de tu vida?». Pensó un rato y respondió: «Los momentos más felices de mi vida fueron los años en que estuve suspendido y en oprobio. Ni antes ni después el Señor ha estado tan cerca de mí como en aquel entonces»[3]. La sensación que Gabriel tuvo de la cercanía de Cristo nunca fue mayor que cuando trabajó como un simple obrero en su propio desierto.

Al igual que Gabriel, muchos de nosotros descubrimos, en los años de la nada, que nada nos separará del amor de Dios en Jesucristo. En este lugar donde el sufrimiento es grueso encontramos aun otro lugar delgado en el que Cristo se halla a un soplo de distancia.

Los peores años se convierten en aquellos en los que Jesús realiza su mejor obra dentro de nosotros. Es en el desierto donde aprendemos a vivir únicamente de la Palabra que sale de la boca de nuestro Salvador.

Esperanza en el estacionamiento

El Señor no solo nos sostiene con su Palabra en nuestros propios años de la nada, sino que también utiliza nuestros labios para decir palabras de gracia a quienes están atrapados en su propio desierto. Él pone en nuestro camino a los últimos, los perdidos y los más pequeños. Cuando nos entregamos a ellos, y reciben los dones del Señor, nos encontramos con Dios bajo un disfraz. Se oculta en lugares donde no esperábamos que estuviera. Lugares como el estacionamiento de una tienda.

Hace unos cuatro años, una joven llamada Cindy estaba sentada sola a la puerta de un supermercado. Aunque se encontraba rodeada de automóviles, de asfalto y de todos los adornos de la vida urbana, se sentía tan aislada como si hubiera estado exiliada en las arenas del desierto del Sinaí. Su rostro era un mapa de su alma, con océanos de lágrimas y continentes de emociones. Nunca se había sentido tan desterrada de la esperanza. Tenía muy poco dinero. Estaba desamparada. Su novio le había dado la espalda. Había salido de su vida. Y dentro de dos días, Cindy tenía que acudir a una clínica de abortos para hacer lo que no quería hacer, pero había decidido que era su única opción.

El mismo día había otra joven en el estacionamiento. Una amiga mía llamada Michelle. Tenía veintiún años. Estudiante universitaria. Michelle no tenía el firme propósito de cumplir una misión. No estaba activamente buscando ayudar a alguien. Simplemente llevaba a cabo su rutina diaria, tachando cosas de su lista de tareas pendientes. Necesitaba comida para la nevera, así que se detuvo en el supermercado, estacionó el vehículo y comenzó a caminar hacia la tienda.

Y en medio de ese mar de asfalto, sus piernas chocaron con uno de los altares ocultos de la gracia de Dios.

Michelle se dio cuenta de que la joven lloraba. Ninguna de ellas conocía a la otra. Cindy era simplemente una desconocida necesitada, sedienta del agua de la compasión. Así que Michelle se le acercó. Se arrodilló. Le preguntó si podía ayudarla. Durante los siguientes quince minutos, la única ayuda que pudo prestarle fue simplemente permanecer allí. No marcharse. Cindy lloraba. No podía hablar. Así que Michelle esperó. Le frotó el hombro. Y pronto, estas dos desconocidas, inesperadamente unidas por el dolor, comenzaron a llorar juntas.

Finalmente, las lágrimas de Cindy dieron paso a las palabras. Empezó a contar su historia. El abandono. La desesperación. El embarazo. El aborto planeado. Michelle escuchó. Cualquier otro plan que tuviera ese día ya no era importante. Había tropezado con un lugar delgado donde el cielo y la tierra se tocaban. Cuando esta mujer joven, soltera y embarazada se sintió completamente sola, abandonada por todos y sin esperanza en el mundo, apareció Jesús. Se hallaba tanto en la necesidad de Cindy como en el amor de Michelle. Juntas lloraron y hablaron en un altar invisible donde se hallaba entronizado el rey crucificado y resucitado de la gracia.

Unos meses más tarde, en la habitación de un hospital, Cindy sonreía al ver el rostro de su bebé recién nacido envuelto en una manta rosa. El encuentro de Cindy con Michelle, y la amistad que surgió de él, habían sido un punto de inflexión en su vida. Una resurrección. Cuando sintió que su vida estaba acabada, Dios le infundió vida a través de los labios de una desconocida.

Aquel día, en el estacionamiento, Michelle le había hablado a Cindy de un centro de embarazos que proporcionaba recursos a mujeres necesitadas. Le dijo que sabía que era aterrador, pero que tanto ella como el niño podrían salir adelante. Había esperanza, un futuro para ambos, y un Dios que los amaba a los dos. Cindy dijo que nunca había conocido a alguien que se preocupara tanto como Michelle. Describió a su amiga como una «mujer de fe».

Y en efecto, lo es. Ambas mujeres lo son. Están unidas por una confianza común en el Señor, que no nos abandona en los lugares donde su mano parece ausente. Él está ahí, como dice el salmista, poniendo nuestras lágrimas en su frasco de remembranza (Sal 56:8). Está con nosotros en las grietas hondas y desagradables del mundo. Y nos conduce a esas mismas grietas en las que, inesperadamente, encontramos atrapados a otros. Familiares, amigos, compañeros de trabajo y completos desconocidos. Todos ellos son hijos de Dios, máscaras de Jesús. Son personas como Cindy, para quienes un oído atento y palabras cariñosas significan la diferencia entre la vida y la muerte, la esperanza y la desesperación.

Aquel día, Michelle se dirigió a la tienda para comprar víveres. No sabía que el Espíritu la estaba guiando en una peregrinación; que estaba a punto de pisar suelo sagrado. Porque, en el orden que Dios les da a nuestras vidas y al mundo, un altar puede lucir como asfalto negro bautizado con lágrimas.

La peregrinación de la cacerola

Las peregrinaciones, o viajes a lugares sagrados, son una característica central de la mayoría de las religiones. Uno de los cinco pilares del Islam es el *hach*, la peregrinación a La Meca. Los musulmanes viajan a esta ciudad desde todos los rincones del mundo para rendir culto en el lugar más sagrado de su religión. Los hindúes visitan la ciudad de Benarés, famosa por ser la capital espiritual de la India. Los peregrinos recorren los *ghats*, las gradas que descienden hasta el río Ganges. En estas aguas, sagradas para los hindúes, se celebran ritos funerarios y los fieles se bañan. Judíos y cristianos viajan a menudo a la ciudad santa de Jerusalén, para pisar el mismísimo suelo en el que se formó una gran parte de sus respectivas historias. Allí estuvo una vez el templo, el corazón del judaísmo antiguo. Y en este lugar sagrado, el peregrino cristiano puede visitar los lugares tradicionales asociados con la vida y el ministerio de Jesús.

Para emprender esa peregrinación como cristiano, dejas atrás tu casa, tu trabajo, tus vecinos, y tus responsabilidades. Cortas temporalmente los lazos con todas las cosas ordinarias de la vida cotidiana. Cruzas a una esfera extraordinaria imbuida de importancia sagrada. Si viajas a Jerusalén, recorres la *Vía Dolorosa* siguiendo los pasos de Jesús por la calle donde cargó con su cruz. Entras en la Iglesia del Santo Sepulcro, que consagra tanto el lugar de la crucifixión como la tumba en que yació el cuerpo del Señor. Tal vez conduzcas unos kilómetros hacia el sur, hasta Belén, para ver la Gruta de la Natividad, donde yació el niño Jesús.

No he visitado Tierra Santa. Espero hacerlo algún día. Personas que han hecho esta peregrinación me dicen que es una experiencia única. Que es increíble estar en el mismo lugar donde estuvo Jesús. Empaparse de las vistas, los sonidos y los olores de la antigua metrópolis. Un amigo me dijo que su visita hizo que la Biblia pareciera «más real». Otro me dijo que lo había cambiado para siempre. Fue, en palabras suyas, «más que impresionante».

Por muy interesantes y aun transformadoras que puedan ser estas peregrinaciones, conllevan un peligro. El mensaje que transmiten puede socavar el mensaje predicado por el propio Jesús. Se da la impresión de que, si deseas visitar un lugar sagrado, o estar en el verdadero lugar donde estuvo Jesús, necesitas obtener tu pasaporte, subirte a un avión y atravesar la mitad del mundo para llegar a él. Para estar en un lugar verdaderamente delgado, arrodíllate ante la Gruta de la Natividad o atraviesa las puertas de la Iglesia del Santo Sepulcro.

Sin embargo, hay otra manera. Con una cacerola en los brazos y amor en el corazón, entra por la puerta de tu vecina para consolarla por la muerte de su marido. Ora con ella, llora con ella, y comparte la presencia de Jesús mediante sus palabras de vida y resurrección. Lleva el suelo de Jerusalén a su salón familiar. Porque eso también es una peregrinación cristiana. Ese también es el verdadero lugar donde está Jesús.

Para visitar el lugar donde crucificaron a Jesús, solo tienes que pasar algo de tiempo con quienes llevan las cruces de la enfermedad, la pérdida, el dolor, la soledad, o la persecución. El Gólgota está tan cerca como el hospital más cercano. Está calle abajo, en el café donde conoces a un amigo que fue despedido del trabajo hace seis meses y está luchando contra los demonios de la depresión. La cruz se encuentra donde está Jesús, pues aunque haya resucitado, siempre es el Cristo crucificado. En, con y bajo las cruces de sus hijos está la cruz del propio Jesús. Ellos están crucificados con él. Y sus cruces están injertadas como ramas en el madero de su cruz. El Calvario está tan cerca como la persona más cercana necesitada de gracia y misericordia.

Los lugares donde Jesús realizó su obra más extraordinaria fueron lugares ordinarios. La parte inferior de la creación. Una barca flotando en el agua donde enseñó a las multitudes reunidas en la orilla. Una casa donde la suegra de Pedro yacía enferma en cama. Un aposento alto donde lavó los pies de sus discípulos y compartió con ellos una última comida. Y un trozo de tierra fuera de la ciudad, donde los criminales eran clavados a postes de madera, exhibidos para soportar las burlas de los espectadores y obligados a soportar una muerte agonizante.

El lugar más delgado de la historia del mundo fue aquel en que toda la gloria del Dios todopoderoso quedó cubierta de clavos y espinas y se envolvió en la piel de un moribundo. El Hijo de Dios se lamentó: «Dios mío, Dios mío, ¿por qué me has abandonado?» (Mt 27:46). Y en ese susurro apacible de nuestro Salvador crucificado oímos la certeza de que Dios nunca nos abandonará.

En mi infancia, cuando me sentaba en lo alto de aquella roca con vista al río Rojo, soñaba con las grandes cosas que podría hacer al servicio de Dios. Oraba para que él me utilizara de maneras poderosas. Me quedaba allí, aferrado a la piedra mientras el sol de la tarde iniciaba su lento descenso. No quería abandonar ese lugar en el cual me sentía envuelto por el aura de lo sagrado.

Han pasado ya tres décadas. A lo largo de estos treinta años, Cristo me ha mantenido matriculado en la escuela de la cruz. Me ha revelado que no es nuestra vocación hacer grandes cosas para su servicio. No necesita que hagamos actuaciones olímpicas en el reino de Dios. Tampoco desea que escalemos rocas para estar en su presencia. Si nos está llevando a alguna parte, es hacia abajo. No a las cimas de las montañas, sino a los valles. No a las catedrales de la naturaleza, sino a la miseria de un mundo plagado de vidas destrozadas que necesitan misericordia.

La brújula del Espíritu que nos lleva en dirección a Dios siempre apunta hacia el sur. Hacia abajo. Descendemos hasta su presencia. Donde están los humildes, allí está él. Donde se realizan los deberes comunes de la vida, allí está actuando. Si quieres descubrir la presencia de Dios, no dejes de lado a tu mujer para ir a pasar una semana de meditación profunda en las montañas. Ve y ayúdala a lavar los platos. Si quieres estar donde realmente está Jesús, no es necesario que te arrodilles ante la Gruta de la Natividad. Ve y cambia el pañal sucio de tu hijo.

La presencia de Dios es más aguda en los lugares donde su ausencia se siente más profunda. Él no sigue nuestras reglas. No se ajusta a nuestras expectativas. Más bien, transforma nuestras mentes e ilumina nuestros ojos para que podamos verlo donde no se lo puede ver. En los lugares delgados pero saturados de sufrimiento, sudor, lágrimas y tareas comunes —como lavar los platos y cambiar pañales—, allí estará presente. Se siente más a gusto donde está más oculto.

Preguntas de discusión

1. Lean Mateo 25:31-46. Al dirigirse a los dos grupos de personas, ¿dónde dice Jesús que ha estado escondido? Comenten la cita de Robert Capon: «El criterio para recompensar a las ovejas no es otro que su aceptación ciega, por fe, de un rey que solo se ha aparecido al mundo bajo la apariencia de los últimos, los perdidos y los más pequeños». ¿De qué manera Jesús está presente «en la parte inferior de la creación»?

_____

_____

_____

2. Lean Salmo 138:6 y Lucas 1:52-53. ¿Por qué la Escritura hace tanto hincapié en que Dios mira a los humildes, los oprimidos, los pequeños y los débiles? ¿Por qué tendemos tanto a mirar a los poderosos, ricos y famosos? Analicen estas palabras: «Si de verdad hay lugares delgados en este mundo, las necesidades cotidianas del mundo les confieren espesor».

_____

_____

_____

3. Repasen las teofanías o apariciones de Dios en Éxodo 19:18-19, Isaías 6 y 1 Reyes 19:1-18. ¿Qué diferencias hay entre la aparición del Señor a Elías y las dos primeras? Analicen qué significa el «susurro de una brisa apacible» y cómo revela una predilección divina por las apariciones tenues; por la pequeñez en vez de la grandeza. ¿Cómo vemos eso hoy?

_____

_____

_____

4. Repasen los ejemplos de los «altares invisibles». ¿Qué otros casos se ajustarían a esta misma descripción? Lean Isaías 45:15. ¿De qué manera se oculta Dios? ¿En qué tipo de situaciones, personas o acontecimientos se oculta Cristo?

_____

_____

_____

5. ¿Cómo describe Deuteronomio 8:15 el desierto? El pueblo de Dios pasó cuarenta años allí. ¿Qué le estaba enseñando Dios a su pueblo? ¿Cómo se relaciona esto con los cuarenta días que Jesús pasó en el desierto (Mateo 4:1-11)?

_____

_____

_____

6. Analicen el comentario de Gabriel, cuando dice que «Los momentos más felices de mi vida fueron los años en que estuve suspendido y en oprobio». ¿Qué ideas podemos extraer de su observación? Comenten de qué manera nuestros peores años o la época más dura de nuestra

vida pueden ser también la época en la que Jesús realiza su mejor obra dentro de nosotros.

_____

_____

_____

7. ¿Qué podemos aprender de la historia de Cindy y Michelle? Describan situaciones similares —de sus propias vidas o las vidas de otros— en las que un oído atento y palabras cariñosas hayan marcado una gran diferencia. Relacionen esto con Romanos 12:15 y 2 Corintios 1:3-4.

_____

_____

_____

8. Hablen sobre la sección «La peregrinación de la cacerola». ¿En qué ámbitos de nuestra vida podemos hacer una «peregrinación» más cerca de casa? Comenten esta cita: «El lugar más delgado de la historia del mundo fue aquel en que toda la gloria del Dios todopoderoso quedó cubierta de clavos y espinas y se envolvió en la piel de un moribundo». ¿De qué manera, en última instancia, la crucifixión de Jesús define para nosotros dónde podemos encontrar a Dios?

_____

_____

_____

4

Un cazatalentos poco ortodoxo

Algunos de mis primeros recuerdos se forjaron llevando una silla de montar entre las rodillas y riendas en las manos. Mi padre, jinete de corazón, me hizo montar a caballo antes de que aprendiera a montar una bicicleta. También me hizo llenar abrevaderos y ayudar con la distribución de alfalfa y avena. Enseguida comprendí que tener caballos significaba también tener el trabajo de cuidarlos.

Cada semana, mi familia serpenteaba por los surcos de un pastizal cubierto de mezquites hasta una arena en las afueras de Jal, Nuevo México. Allí, con un grupo de amigos, ensillábamos y enlazábamos bueyes, y los niños competían en pruebas de rodeo como postes y barriles. Ese fue mi primer lugar de diversiones. Y fue también mi primer lugar de trabajo.

Por cada enlazador recibía un dólar, estando a cargo de aguijar e introducir al ganado en los pasadizos y, cuando el vaquero asentía con la cabeza, empujar la palanca que liberaba al novillo en la arena, con el caballo pisándole los talones. Podría haber sido uno de los «Trabajos sucios» de Mike Rowe. Al final de la noche terminaba salpicado de estiércol desde las botas hasta el sombrero. Pero me encantaba ese trabajo. Me encantaban los animales. Y no me venía mal tener la cartera llena de billetes de un dólar al final de la noche.

Como la mayoría de la gente, a lo largo de los años he probado suerte en diversos trabajos. Campesino, vaquero, empleado de una tienda de alimento para ganado, lavaplatos, ayudante de carpintero, techador, pastor, profesor y camionero. Incluso, en dos ocasiones crucé la mitad del mundo en avión para dar clases en un pequeño seminario de Novosibirsk, Siberia. Algunos trabajos requerían más cerebro, otros más músculos, pero cada uno exigía de mí una cierta aptitud para la tarea en cuestión. Y además, cada trabajo me obligaba a ir más allá de mis capacidades. Cada lugar de trabajo era también una especie de escuela. Podía aprender algo tan elemental como el uso de un lavavajillas industrial o tan complicado como la mejor manera de enseñar los entresijos del sistema verbal hebreo.

Los trabajos de mi juventud me impulsaron también a hacerme la fastidiosa pregunta: *¿Qué quiero ser de mayor?* O, como solía preguntarme: *¿Qué quiere Dios que haga con mi vida?* No tenía muy claros los detalles, pero de algo estaba seguro: Dios y yo estábamos de acuerdo en que yo debía ser «ese tipo». Ya sabes, la clase de tipo que tiene la vida resuelta. Aquel que, meditando y orando con fervor, consiguió hurgar en los archivos de la mente divina hasta encontrar la carpeta que contenía el gran proyecto de su vida. Aquel que obtuvo los títulos adecuados, se relacionó con la gente adecuada, se casó con la mujer adecuada y consiguió no solo el trabajo adecuado, sino el que Dios había diseñado justo para él. El trabajo perfectamente adaptado a sus habilidades, aptitudes, experiencia y pasiones. Eso es lo que yo quería ser de mayor: ese tipo.

Al final, como la mayoría de nosotros, descubrí que ese tipo no existe.

Lo que sí existe es una vida más parecida a un laberinto que a un plano. Podemos tener una vaga idea de cómo serán los próximos metros, pero quién sabe lo que habrá a la vuelta de la esquina: ¿otra esquina? ¿Un callejón sin salida? ¿Un largo trecho que nos llevará de vuelta al punto de partida? «Dios escribe derecho con renglones torcidos», dice el proverbio portugués. Y así es. A Dios le gustan los renglones torcidos, las odiseas laberínticas y muchos viajes largos que acaban en callejones sin salida. Mientras que «ese tipo» es producto de nuestra imaginación optimista, la gente real, en la vida real, tiene como única certeza las incertidumbres de la vida, los trabajos, las carreras y las relaciones.

Y eso es bueno. Las incertidumbres son uno de los regalos más infravalorados de la vida. Si pudiéramos tener acceso a una copia de nuestra biografía, escrita por un autor capaz de viajar en el tiempo, no deberíamos leerla. En especial los capítulos que documentan nuestro futuro. Para empezar, es probable que contenga material oscuro; material que sería mejor no conocer antes de que llegue la tormenta. «Ya bastante tiene cada día con su propio mal», nos recuerda Jesús (Mt 6:34 RVC).

Y lo más importante, conocer nuestro futuro arruinaría lo que Dios está haciendo en nuestras vidas ahora mismo. Nos está guiando a través de un laberinto, lleno de giros y reveses, en el que aprendemos sobre nosotros, sobre los demás y sobre Dios. Y una de las lecciones más importantes que nos está enseñando es esta: que lo que nosotros consideramos nuestras mayores fortalezas suelen ser nuestras mayores debilidades. Y lo que creemos que son nuestras mayores debilidades son la materia prima preferida de Dios para demostrar su fuerza. Utiliza nuestras pérdidas, luchas y deficiencias —exactamente aquellos aspectos que asociamos con el fracaso— como vehículos para su tipo de éxito en nuestra vida.

En otras palabras, trata con nosotros como lo hizo con Moisés.

El redentor octogenario

Hubo un tiempo en que Moisés sabía lo que Dios quería que hiciera con su vida. Lo tenía todo pensado. Había celebrado su cuadragésimo cumpleaños. No era demasiado joven, ni demasiado viejo. Había sido instruido en las artes y la sabiduría de los egipcios. Era bilingüe. Podía debatir sobre política en palacio con su familia adoptiva. Y también podía conversar con sus hermanos hebreos mientras estos trabajaban como esclavos en los campos. Se movía entre dos mundos diametralmente opuestos: por adopción, era alguien de adentro, y por nacimiento, era alguien de afuera. Llevaba un manto real, pero su corazón vestía el atuendo de los esclavos.

Finalmente, Moisés llegó a una encrucijada. Tuvo que elegir entre «ser llamado hijo de la hija de Faraón [...] [gozando] de los placeres temporales del pecado» y «ser maltratado con el pueblo de Dios» (Heb 11:24-25). Hizo su elección. Se quedaría con los impotentes, con su parentela. Estaba convencido de que Dios lo había elegido para liberar a su pueblo de la esclavitud (Hch 7:25). Y, al menos en parte, tenía razón.

Tenía razón sobre el llamado, pero estaba completamente errado en lo que se refería al momento.

Moisés supuso que, si alguna vez había llegado el momento de pasar a la acción, era ahora. El hierro estaba caliente. Era hora de atacar. Tal vez podría utilizar su influencia política para dar un golpe de Estado. O tal vez podría movilizar secretamente a los esclavos en una rebelión. Idearía un plan. Aunque no lograra nada más, al menos utilizaría su fuerza para aliviar el sufrimiento de algunos israelitas. Se correría la voz de que en palacio tenían un aliado, de que Moisés no había olvidado sus raíces.

Un día se presentó la oportunidad. Al ver Moisés que un egipcio golpeaba a un esclavo hebreo, golpeó al egipcio, matándolo. Ya no había vuelta atrás. Había cometido su primer derramamiento de sangre. Enterró el cadáver en una fosa poco profunda y se alejó como si nada hubiera ocurrido. Al día siguiente se encontró con otra pelea, solo que esta vez los que se peleaban eran dos hebreos. Se interpuso entre ellos, y les dijo: «¿Por qué golpeas a tu compañero?». Uno de los hombres respondió: «¿Quién te ha puesto de príncipe o de juez sobre nosotros? [...] ¿Estás pensando matarme como mataste al egipcio?» (Éx 2:13-14).

Evidentemente, esta no era la respuesta que Moisés esperaba. ¿No se daba cuenta este hermano de que Dios estaba utilizando a Moisés para salvar a Israel? El rechazo echó por tierra sus planes. Y encima, no esperaba que se corriera la voz de su acto asesino con tanta rapidez. ¿Y si alguien informaba a la policía egipcia, o si el propio Faraón se enteraba? Pronto se hicieron realidad los peores temores de Moisés. Se emitió una orden de detención. Moisés era buscado, vivo o muerto. Preferiblemente muerto.

Así pues, este hombre que había descubierto el plan de Dios para su vida, este aspirante a redentor, metió el rabo entre las piernas, huyó de todo y de todos los que había conocido, y pasó las siguientes cuatro décadas como fugitivo en las arenas del desierto de la península del Sinaí.

Moisés pensó que estaba preparado, pero Dios sabía que no. Necesitaba ser despreparado. Debilitado. Reducido. Necesitaba ver la lenta caída de la arena en el reloj de arena del Sinaí. El Señor lo sometió a una crucifixión prolongada, donde gradualmente morirían todas las ventajas y las fuerzas que tenía en Egipto. El desierto fue su Gólgota. Allí, el príncipe real murió, y resucitó como un simple pastor. Fue crucificado en el palacio y resucitado en una tienda. Durante cuarenta años, Dios le puso una cruz sobre la espalda. Lo deshizo para poder rehacerlo. Hizo que creyera que había fracasado. Que ya nada saldría de su vida. Sería un simple cuidador de las ovejas de su suegro. Moriría como un hombre olvidado, descomponiéndose en las arenas del desierto. De las cenizas a las cenizas, del polvo al polvo, y de príncipe a mendigo.

Para cuando finalmente el Señor se apareció a Moisés en la zarza ardiente, y le dijo que regresara a Egipto en una misión de redención, el ardiente celo de este aspirante a salvador se había enfriado como el hielo. Dio vueltas y más vueltas con Yahvé. Formuló todas las excusas que se le ocurrieron. No, no era el hombre adecuado. Ya era octogenario. Ni siquiera conocía el nombre de Dios. Muchas gracias, pero Dios podía elegir a otro. Alguien más rápido de lengua, más persuasivo, con más fe, y cuya cabeza no tuviera un precio en aquel lugar. En otras palabras, Dios podía enviar a alguien como el Moisés de hacía décadas, cuando aún no se desmoronaba su vida de fuerza y privilegio.

Sin embargo, al deshacer a Moisés, Dios sabía exactamente lo que estaba haciendo. Estaba utilizando las pérdidas, luchas y deficiencias de este hombre como vehículos para el éxito divino. Exteriormente, lo estaba transformando en el hombre equivocado para el trabajo. Sin embargo, como señala Nadia Bolz-Weber: «A veces, el hecho de que no tengas nada que te convierta en la persona adecuada para hacer algo es exactamente lo que Dios está buscando»[1].

Si Dios hubiera buscado un redentor para su pueblo por medio de un cazatalentos, este no se habría detenido en la solicitud de Moisés. Ciertamente no lo habría hecho venir para una entrevista.

Pero a los ojos de Dios, como todo andaba mal con Moisés, todo andaba bien. El Señor utilizaría sus debilidades para mostrar su fuerza. Haría brillar su luz a través de las grietas de esta vasija rota. Tal como en el Gólgota, donde la gloria del Señor se ocultó bajo un moribundo, la gloria oculta de Yahvé se manifestaría en Moisés.

Dios manifestaría su gloria en secreto, de forma poco gloriosa, pues brillaría a través del hombre que las Escrituras describen como el más manso o humilde sobre la faz de la tierra (Nm 12:3). No a través de un autócrata jactancioso. No a través de un fanfarrón grandilocuente. Lo haría a través de un hombre doblegado por el sufrimiento; alguien moldeado por la cruciforme mano de Dios para ser el hombre benditamente equivocado para el trabajo correcto de ser agente secreto del Rey de Israel.

Agentes secretos

El estudioso del Antiguo Testamento John Kleinig describe a los cristianos como agentes secretos en este mundo. Es una descripción adecuada. Tenemos doble ciudadanía. «Somos, en todos los sentidos, ciudadanos de este mundo, con hogares terrenales, trabajos terrenales e identidades terrenales», escribe Kleinig. En ese sentido, no nos distinguimos de nuestro compañero de trabajo musulmán o del mecánico agnóstico que nos cambia el aceite del automóvil. Llevamos vidas corrientes rodeados de gente corriente. «Pero, al mismo tiempo —continúa—, somos ciudadanos del cielo, personas extraordinarias, extranjeros que trabajan para promover el bondadoso gobierno de Dios aquí en la tierra. Detrás de la fachada de nuestras vidas ordinarias, trabajamos como agentes secretos del Rey celestial». Tenemos «una santa vocación secreta como miembros de Su sacerdocio real»[2].

Al igual que Moisés en el desierto, llevamos vidas ordinarias, de aspecto no sacerdotal. Él era un simple pastor, armado solamente con una vara de madera. Nuestra identidad no se revela por medio de una ropa especial, apretones de manos secretos ni joyas reveladoras, como una cruz al cuello. Lo que sí llevamos —dondequiera que vayamos, hagamos lo que hagamos— es la justicia de Jesús. La ropa deslumbrantemente blanca de Dios, lavada en la cruz con la sangre blanqueadora de Jesús. Nuestros cuerpos son el templo de su Espíritu. Nuestros labios son los portavoces de su Palabra. Nuestras manos son sus manos, y nuestros pies, sus pies. En otras palabras, Jesús, nuestro gran Sumo Sacerdote, habita en la humilde morada de nuestras vidas para realizar su labor en este mundo tal como lo hizo a través de Moisés. En y por medio de nosotros, sus agentes clandestinos, hace avanzar lentamente su reino de gracia.

Nunca lo descubrirías mirándonos. Por eso somos agentes secretos. Secretos no en el sentido de furtivos o solapados, sino porque no nos parecemos en nada a lo que el mundo considera sagrado o digno de Dios. Tal como un comedero no era un pesebre digno de Cristo, o las prostitutas y los recaudadores de impuestos no eran invitados dignos de cenar con él, o una cruz ensangrentada no era un trono digno, los métodos y los recursos de los sacerdotes de Dios en este mundo están envueltos en cosas que no parecen estar a la altura de una deidad tan grandiosa. Mientras el mundo espera ver a Dios en el poder, la riqueza o cualquier cosa que a ellos les parezca gloriosa y atractiva, él se esconde exactamente en lo contrario. Sus agentes secretos no llaman la atención de nadie. Reconocemos que tenemos debilidades profundas. En el espejo observamos que, por encima de nuestras vidas, se extiende una telaraña de defectos. El pecado nos atormenta tanto como a cualquier incrédulo.

Pero eso no es un problema. Así que somos personas que luchan con debilidades. Nuestros armarios contienen esqueletos suficientes como para poblar un cementerio. No se nos consideró como los mayores candidatos al éxito ni regresamos de la escuela dominical con reconocimientos por haber memorizado la Biblia. Nuestra confianza no descansa en nuestras virtudes, como tampoco nuestras dudas se basan en en nuestros vicios. Esto no se trata de nosotros. Ni nuestra supuesta bondad ni nuestra sabida maldad constituyen nuestra identidad ni nos capacitan para las misiones a las que Dios nos envía. «Maldito el hombre que en el hombre confía, y hace de la carne su fortaleza», dice Jeremías, pero «Bendito es el hombre que confía en el SEÑOR, Cuya confianza es el SEÑOR» (Jer 17:5, 7). Nuestra confianza está en Cristo, cuya cruz e identidad compartimos. «Con Cristo he sido crucificado, y ya no soy yo el que vive, sino que Cristo vive en mí» (Gá 2:20). En lugar de los primeros y los más grandes, nuestro Rey crucificado elige a los últimos y a los más pequeños. Deja claro que sus agentes no actúan en este mundo por medios humanos, sino por la gracia divina.

Y como para demostrárnoslo de una vez por todas, Dios decidió poner el ejemplo más extremo y cómico que se le ocurrió. Envió a un xenófobo fanático, moralmente presuntuoso, a predicar a un grupo de terroristas infames e impíos. La definición de una misión imposible. La definición del hombre equivocado para el trabajo. Si alguna vez una narración ha confirmado que el Señor trastoca nuestras expectativas, y que, para realizar la tarea, él es el único que actúa en sus agentes secretos, es esta. Es la historia de Jonás y Nínive.

El profeta halcón

Aunque en hebreo el nombre de Jonás significa «paloma», su

personalidad era la de un halcón. Estaba listo para abalanzarse sobre la presa. Sus garras estaban ansiosas por desgarrar carne. Tenía sed de sangre. Sangre asiria, para ser exactos. Eran el enemigo público número uno del antiguo Israel. Desollaban a sus enemigos, los empalaban y los dejaban a la intemperie para que los carroñeros los despedazaran. Se comportaban como animales. Eran odiados y temidos. Una nación que había perfeccionado el perverso arte del terror.

Ese fue el campo misionero de Jonás.

«Ve a Nínive», la capital de Asiria, «y proclama contra ella», le dijo Dios a Jonás (Jon 1:2). El profeta dejó la respuesta a cargo de sus pies. Salió dando zancadas en dirección contraria, rumbo a Tarsis. A medida que la historia se desarrolla, hay una digresión reveladora: Jonás va gradualmente «hacia abajo». Desciende a la ciudad costera de Jope, desciende hasta un barco, desciende al interior del barco, desciende al mar y, finalmente, desciende al vientre del pez. Desde el pináculo de su orgullo, se desploma cayendo hasta la muerte misma. ¿Por qué? Porque, a menudo, solo descubrimos la Pascua en las tumbas cavadas por nosotros mismos. Así ocurrió con Jonás. En las entrañas de un pez, este halcón se lamentó como una paloma. Rogó misericordia. Y la recibió.

Luego de que el pez lo vomita en tierra, viaja a Nínive. Predica durante tres días. Y al final del tercer día, no ha sido desollado vivo, ni empalado, ni maltratado. Sucede lo inimaginable. Mientras habla, estos amantes del terror lo escuchan expectantes. Caen sobre sus rostros, arrepentidos. En un acto sin precedentes en la Biblia, aun a sus vacas las visten de cilicio y las hacen ayunar con ellos. Estos pecadores se toman en serio el arrepentimiento. Escuchan, creen y oran pidiendo clemencia. «¡Quién sabe!», dicen. «Quizá Dios se vuelva, se arrepienta y aparte el ardor de Su ira» (*cf.* 3:10). Una confesión que no brilla precisamente por su certeza, pero que da fruto. Dios ve y se arrepiente. La ciudad se salva.

¿Y Jonás? Solo quiere morir. Su humildad de paloma se desvanece y su orgullo de halcón vuelve a salir a la superficie. El odio lo invade. Finalmente, en una rabieta épica, nos dice por qué, al principio, huyó del llamado. «¡Ah Señor!», dice. «¿No era esto lo que yo decía cuando aún estaba en mi tierra? Por eso me anticipé a huir a Tarsis. Porque yo sabía que Tú eres un Dios clemente y compasivo, lento para la ira y rico en misericordia, y que te arrepientes del mal anunciado» (4:2). Casi podemos oírlo escupir cada palabra sarcástica.

Jonás estaba enfadado porque Dios se había comportado como Dios. Su deseo de no predicar se debía a que temía lo peor: temía que Dios revelara su corazón a Nínive, y que aquella gente malvada no recibiera su merecido. La pesadilla de Jonás era que su misión imposible tuviera éxito. Indispuesto a vivir en un mundo donde la gracia triunfe, el profeta le pide al Todopoderoso que acabe con su miseria. Prefiere morir que ver a sus enemigos vivir en el gozo de la absolución.

El libro de Jonás termina con el profeta enfurruñado en las afueras de la ciudad, y con una pregunta retórica que Dios le plantea: «¿No he de apiadarme Yo de Nínive...?» (v. 11). ¿Qué clase de Dios sería, pregunta, si no mostrara misericordia? Ciertamente no sería fiel a mí mismo. Sería la clase de Dios que el mundo realmente quiere y espera. Una deidad retributiva que actúa como Papá Noel: haciendo regalos a los niños buenos, y no dando nada a los malos —o dejándoles, quizás, un carbón en el calcetín—.

Ese es el Dios en el que fácilmente creemos, porque así es como funcionan las cosas en nuestro mundo. Si Nínive era tan malvada, lo que se merecía era un ataque con drones, no alguien que les predicara el perdón. Si la gente es mala, y recibe castigo, bueno, eso es lo que se merecían.

Sin embargo, como el Señor es «Dios clemente y compasivo, lento para la ira y rico en misericordia, y que [se arrepiente] del mal anunciado» (v. 2), les dio lo que no se esperaban. Les dio su corazón. El mismo corazón mostrado en el Calvario. El corazón que late al ritmo de su amor por nosotros. Ese corazón que no se complace en la muerte de los malos, sino que se deleita en —y lleva a cabo— nuestro arrepentimiento y restauración.

Y, en el caso de Nínive, Dios hace todo esto por medio de un agente secreto que arrastraba los pies, que despreciaba a su congregación y que lo único que quería era que Dios bombardeara toda la ciudad. Si necesitas reírte, adelante. La escena es tan absurda que es difícil mantenerse serio. Esto es parte del humor sagrado de Dios. Jonás es el remate del chiste. Y el mensaje del chiste es este: la obra de Dios no se trata de nosotros. Se trata de él, y solo de él.

La fuerza divina solo encaja dentro de vasijas débiles. Jonás era demasiado grande para que Dios cupiera en su interior. Así que Dios lo encogió en el mar, en el pez, en el «fracaso», para caber en él apretujado. Cuanto más grandes seamos, y cuanto más hinchado esté nuestro ego, menos de Dios cabrá dentro de nosotros. Él es el Dios de los espacios pequeños. Está «cercano a los quebrantados de corazón», dice el salmista, pues los pequeños fragmentos de un corazón destrozado son del tamaño justo para que él quepa en ellos (Sal 34:18).

Si el Señor hubiera enviado a Nínive un predicador dispuesto, graduado con honores en un seminario profético, y gran admirador de la cultura ninivita, eso nos habría empobrecido. No tendríamos esta historia de Jonás. No tendríamos una idea tan clara de lo radicalmente contraintuitiva que es la obra de Dios. Él utiliza los fracasos para lograr el éxito, y a los necios para las tareas sabias, a fin de que podamos comprender cómo llevará a cabo nuestra salvación en su Hijo, y seguirá obrando por medio de ese Hijo en nuestras vidas.

Dios trabaja escribiendo su historia encima de la nuestra.

La historia de Dios al interior de nuestras historias

En cada momento de nuestras vidas se desarrollan dos relatos. Una es la historia que escribimos nosotros, y otra es la que escribe el Espíritu. Ambas narraciones se traslapan mucho, pero a la vez son muy divergentes.

La historia que estamos escribiendo se parece a lo siguiente. Vivimos nuestras vidas en la libertad que Dios nos ha dado. Nos enamoramos, nos casamos, formamos una familia. O permanecemos solteros, forjamos amistades, y cultivamos aficiones. Vamos a la escuela, encontramos una carrera, compramos una casa. Descubrimos lo que nos mueve, cuáles son nuestras pasiones, e intentamos encontrar actividades y responsabilidades ajustadas a ellas. Nos establecemos en nuestro lugar en este mundo. Puede que la vida no sea perfecta, pero es buena, o al menos está bien. Planeamos dónde pasar la próxima Navidad con la plena certeza de que así será. Decidimos a qué colegio irán nuestros hijos. La manera en que celebraremos nuestro quinto o vigésimo quinto aniversario de boda. Así es como se desarrolla nuestra historia.

Y luego está la historia de Dios. Cuando la presión hace que nuestro relato se encoja, el de él está escrito en grande. Cuando el nuestro está en letra de ocho puntos, el suyo está en mayúsculas. Nuestro matrimonio sufre tensiones, o nos divorciamos, o nuestra hija adolescente nos dice que está embarazada. No es la historia que queremos que se escriba. La empresa en la que hemos trabajado los últimos diez años quiebra y nos vemos obligados a cambiar de profesión. Nos pasamos el fin de semana visitando casas de empeño para recuperar las herramientas o las joyas que nuestro hijo empeñó para comprarle drogas a su distribuidor. Esta no es la narración que habíamos planeado. No es una vida que podamos prever o controlar. No tenemos recursos emocionales para afrontarla. Todo lo que no queríamos que ocurriera ha ocurrido.

Sin embargo, esa es la historia divina que ocurre al interior de la nuestra. El relato de Dios se superpone al nuestro. Y Dios es un autor excéntrico. Nosotros escribimos nuestra historia de un modo que se basa en nuestros puntos fuertes, nuestras esperanzas, nuestros planes y sueños. Pero él la escribe de un modo que pone de relieve nuestras debilidades, nuestros miedos, nuestras deficiencias. ¿Por qué? Porque, al hacerlo, destaca las áreas de nuestra vida en las que realiza su mejor trabajo. Sí, ciertamente puede utilizar y utiliza nuestros talentos y habilidades únicas, pero la mayoría de las veces utiliza aquello que pondrá de relieve nuestras carencias y su plenitud.

Su historia en nuestras vidas es más evidente cuando la narración da un giro hacia la cruz.

«Cuando soy débil, entonces soy fuerte», dijo el apóstol Pablo (2Co 12:10). Sin embargo, esta confesión solo se oye después de su queja. Tres veces le rogó al Señor que le extrajera esta «espina en su carne» (v. 7). Al fin y al cabo, Pablo tenía que escribir su historia, y la espina del Señor se estaba interponiendo en el relato. Pero Dios mantuvo su posición. Dijo: No, la espina se queda. «Te basta Mi gracia, pues Mi poder se perfecciona en la debilidad» (v. 9). En otras palabras, si Pablo es poderoso, Jesús es débil en él. Si Pablo es débil, Jesús es poderoso en él. Cuanto más Pablo logra escribir su propia historia, menos puede relatarse la historia de Jesús. Así que el apóstol, dándose finalmente cuenta de esto, dice: «Por tanto, con muchísimo gusto me gloriaré más bien en mis debilidades, para que el poder de Cristo more en mí. Por eso me complazco en las debilidades, en insultos, en privaciones, en persecuciones y en angustias por amor a Cristo, porque cuando soy débil, entonces soy fuerte» (vv. 9-10).

Las historias que preferimos escribir sobre nosotros mismos, por muy atractivas que sean exteriormente, nunca nos llevarán a la narración en la que Cristo verdaderamente nos moldea a su propia imagen. La imagen que cultivamos de nosotros mismos tiende a basarse en la falsa suposición de que Dios desea que seamos más independientes. Que seamos mejores y más fuertes a fin de que lo necesitemos menos. Imaginamos que crecer significa apoyarnos menos en Dios y más en nuestros propios dones y talentos. Como si el Señor estuviera esperando que desplegáramos nuestras alas y nos abriéramos camino por nuestra cuenta en esta vida.

Sin embargo, la madurez cristiana no se caracteriza por la independencia, sino por la dependencia; por una creciente conciencia de nuestra incesante necesidad de Cristo. Por enfocarme no en mí, ni en mis talentos, ni en lo que hago, ni aun en mi vida religiosa, sino en el Hijo de Dios. Cuanto menos hay de nosotros, más hay de Cristo. Pero lejos de ser una mala noticia, es la mejor de todas. Porque cuanto más hay de Cristo, más somos las personas que Dios tenía en mente cuando nos creó.

El relato de Dios siempre está escrito con la tinta de la cruz. Está intentando meternos en la cabeza que su reino es un lugar al revés, donde el último es el primero, el menor es el mayor, y el muerto está vivo. Sus relatos incluyen espinas en la carne, ángeles en zarzas ardientes, profetas en estómagos de peces y, en mi caso, un encuentro con Jesús en el kilómetro treinta y dos de un maratón que gané perdiendo.

Un encuentro con Jesús en el kilómetro treinta y dos

En 2011, no me gustaba nada la historia que el Señor estaba escribiendo sobre mí. De hecho, más que escribiendo, parecía estar atacando. Su pluma era una espada. Me estaba robando mis esperanzas. Estaba pisoteando mis sueños. El relato de mi vida había dado un giro que nunca vi venir, y que, desde luego, yo no quería.

En febrero de ese año, mi mujer me dijo: «Ya no te amo», y se marchó. Había sido la encarnación de mi nueva esperanza; mi segunda oportunidad en la vida. Algunos años antes, tras destruir mi primer matrimonio, mi carrera y mi trabajo, estuve flotando en un mar de depresión; ahogándome lentamente. Ella fue la cuerda que Dios me arrojó. Y me aferré a ella con todas mis fuerzas. Comencé otra vez a sonreír. Volví a soñar. Me atreví a tener esperanzas una vez más. Sin embargo, cuando se firmaron los papeles del divorcio, me empecé a hundir aun más que antes. Y lo que es peor, estaba amargado con el Dios que, a mis ojos, se había convertido en la personificación de un mentiroso sin corazón; un gran embustero.

Decidí que, como Dios estaba evidentemente en mi contra, yo estaría a mi favor. Necesitaba algo que pudiera conseguir por mi propia capacidad y perseverancia. Un objetivo que estuviera fuera del control del cielo. Un trofeo que pudiera restregárselo al Señor en la cara, y que le demostrara a él, a mí mismo y a todos que yo no era un fracasado acabado.

Durante varios años, correr había sido una pasión. Era mi antidepresivo favorito. Registraba los kilómetros, sentía el ardor, y expulsaba la rabia y el estrés sudando. Mi velocidad había mejorado hasta el punto de que la clasificación para el Maratón de Boston estaba a mi alcance. Aquel año me entregué en cuerpo y alma al entrenamiento. Cada mañana, y a veces dos veces al día, mis pies pisaban el asfalto. Cuidaba mi dieta, registraba mis tiempos y, poco a poco, me abrí paso hacia la carrera en la que me clasificaría para el maratón más famoso de todos. Y, cuando lo hiciera, recuperaría mi historia; aquella que el Señor había usurpado y trastocado.

Ese día de noviembre, cuando sonó el pistoletazo de salida, sentí un disparo de adrenalina en mi organismo. Estaba en el corral número dos, justo detrás de los corredores de élite. Detrás de mí había decenas de miles de personas alineadas. En los primeros kilómetros, mi cuerpo cogió el ritmo de la carretera. Aquel día, prevalecería. Puede que el Señor no se deleite en la fuerza de un caballo ni se complazca en las piernas de un hombre, pero ciertamente yo lo hacía (Sal 147:10). Me sentía como uno de aquellos caballos de mi juventud, cuando galopaban a través de la arena. Mis piernas me harían cruzar la línea de meta en un tiempo récord. Ya estaba harto de esa basura de «los últimos serán los primeros». Hoy, los primeros serían los primeros. Esta carrera demostraría, de una vez por todas, que había arrancado mi historia de las manos del Señor.

Justo después de la mitad de la carrera, cuando aún tenía el objetivo de terminar por debajo de las tres horas y quince minutos, ocurrió. Como una mano abierta que, poco a poco, se cierra hasta formar un puño, mi tendón derecho se convirtió lentamente en una bola de dolor. Me agarré la pierna, salí cojeando y caí sobre la acera. Mi cara se retorció de dolor. Me estiré. Intenté andar. Volví a estirarme. Apreté los dientes y seguí adelante. No fracasaría. No otra vez. No hoy.

Pasé el kilómetro veinticuatro tambaleándome. El veinticinco y el veintiséis fueron una agonía borrosa. Cada paso que daba me retrasaba aun más. Los kilómetros veintinueve y treinta sellaron mi destino. La carrera de mis sueños se había convertido en una pesadilla. Un corredor tras otro me adelantaban. Mi cuerpo se había convertido en un traidor. Este día, concebido como mi día de redención, mi oportunidad de recuperar algo de autoestima, se estaba desmoronando ante mis ojos.

Llegó a mi lado en el kilómetro treinta y dos. Era una desconocida. Bromeando, me preguntó si podía llevarla los últimos diez kilómetros. Ella tenía calambres en el pie; yo tenía calambres en la pierna. El dolor forjó un vínculo inmediato entre nosotros. Cuando me detuve para estirarme por enésima vez, ella se detuvo y me animó a seguir. Cuando ella se detuvo y dijo que no podía más, yo me detuve y la animé a continuar. Y así seguimos, cojeando, midiendo el progreso ya no por kilómetros, sino por metros. Dos humanos debilitados y vacilantes descubriendo que, lo que no podíamos hacer solos, podíamos hacerlo únicamente con la fuerza de otro.

Tras subir una colina y doblar una esquina envueltos por una multitud que nos aclamaba, finalmente divisamos los últimos cien metros de la carrera. Se me acercó, me cogió la mano y la sostuvo en alto con la suya mientras cruzábamos la línea de meta. Y luego, sin más, desapareció entre la multitud. La busqué para darle las gracias, pero ya no estaba. Ni siquiera sé su nombre. Ya no puedo oír su voz. Apenas recuerdo su aspecto. Pero esta desconocida, que me llevó a lo largo de los diez kilómetros más duros de mi vida… Yo sé quién era.

Aquel día, Jesús fue a mi encuentro en el kilómetro treinta y dos. Me encontró en mi fracaso. Me encontró en mi dolor, decepción, debilidad, ira y desprecio de mí mismo. Me encontró en el fondo. Apareció en la voz de una extraña que me instó a seguir. En la mano de una desconocida que estrechó mi mano. En una compañera de sufrimiento que me mostró que no estaba solo. Cuando creía que Dios estaba en mi contra, me encontré cara a cara con Aquel que cojea junto a nosotros en nuestro dolor.

Empecé aquella carrera para demostrarle al Señor que no lo necesitaba. Que mi vida era mi historia. Que él no tenía derecho a reescribir mi relato. Y a lo largo de cuatro horas y media, y 42,2 kilómetros, el Señor me mostró cuán equivocado estaba. No necesitaba un trofeo, sino una cruz. No necesitaba confiar en mi propia fuerza, sino aceptar mis debilidades y confiar en la fuerza de otro. No necesitaba clasificarme para el Maratón de Boston. Necesitaba darme cuenta de que, al perder mi propia persona, ganaría a Cristo. Al dejar de apoyarme en mi propio entendimiento, caería en los brazos de un Dios misericordioso. Mi historia nunca había sido mía. Siempre fue, y sigue siendo, la historia de Cristo; en mí, conmigo, y por mí.

¿Qué quiere Dios que hagamos con nuestras vidas? Mientras serpenteamos por el laberinto diario del trabajo, la familia y la Iglesia, algunas veces caminando, otras tropezando, y a menudo cayendo de bruces, él quiere que nos demos cuenta de que, cuando somos débiles, él es fuerte. Cuanto menos hay de nosotros, más hay de Cristo en nosotros. Cuanto más frágil es nuestro control, más aprendemos a confiar en él.

El Señor nos comisiona a todos como sus agentes secretos, tal como hizo con Moisés, Jonás y Pablo. Sin embargo, estas misiones no son una oportunidad para exhibir la fuerza nuestra, sino la gracia del Señor que actúa en nosotros. Él se esconde en nuestra sencillez, y se oculta en nuestras cruces, para manifestarse como el Dios que no obra siguiendo los métodos del mundo. Está escribiendo nuestra historia de manera tal que el personaje central sea Cristo: amando, perdonando y obrando en nosotros a fin de mostrarnos que, cualquiera sea la carrera en la que nos encontremos, cruzaremos la meta solo con su fuerza. Y en su victoria, triunfaremos.

Preguntas de discusión

1. ¿Cómo imaginaban su futuro a medida que crecían? ¿Resultó así? Analicen de qué manera nuestras vidas se parecen más a un laberinto que a un plano. ¿Están de acuerdo con la cita: «Las incertidumbres son uno de los regalos más infravalorados de la vida»? ¿Por qué sí, o por qué no?

———————————————————————————————

———————————————————————————————

———————————————————————————————

2. Repasen los ocho primeros años de la vida de Moisés según Éxodo 1-2, Hebreos 11:24-27 y Hechos 7:20-28. Analicen cómo fracasó su primer intento de liberar a su pueblo. En ese momento tenía cuarenta años (Hechos 7:23), pero cuando el Señor lo llamó desde la zarza ardiente tenía ochenta (Éxodo 3). ¿Por qué el Moisés más anciano era aparentemente el «hombre equivocado» para el trabajo? ¿Y por qué, debido a ello, fue el elegido de Dios?

_____

_____

_____

3. Lean 1 Pedro 2:9-10. ¿A qué se refiere con que los cristianos formamos parte del «real sacerdocio»? ¿De qué manera eso define y describe la forma en que Dios nos utiliza en este mundo?

_____

_____

_____

4. Lean Filipenses 3:20; Romanos 12:2; Juan 18:36. ¿En qué sentido los seguidores de Jesús poseen una «doble ciudadanía», en la tierra y en el cielo? Comenten la cita de John Kleinig: «[Somos] personas extraordinarias, extranjeros que trabajan para promover el bondadoso gobierno de Dios aquí en la tierra. Detrás de la fachada de nuestras vidas ordinarias, trabajamos como agentes secretos del Rey celestial». Describe algunas de las formas en que somos sus «agentes secretos».

_____

_____

_____

5. Repasen la historia de Jonás. ¿Por qué, inicialmente, este profeta se negó a ir a Nínive (Jonás 4:1-3)? Dios lo hizo descender, descender y descender hasta las profundidades del mar. ¿Por qué? ¿Qué le estaba enseñando —a él y a nosotros—? ¿Cómo utiliza el Señor a los «fracasados» y a los «necios» para cumplir su voluntad?

_____

_____

_____

6. Lean 2 Corintios 1:8-10; 6:1-10; 12:7-10. ¿Qué temas tienen en común estos versículos? ¿Qué dicen sobre la forma en que Dios utiliza nuestras luchas y debilidades?

_____

_____

_____

7. Resuman el significado de que nuestras vidas tengan dos relatos (el de Dios y el nuestro). ¿Cuál es el propósito del Señor al escribir su historia encima de las nuestras? Analicen las implicaciones de esta cita: «La madurez cristiana no se caracteriza por la independencia, sino por la dependencia». ¿Por qué esta es la mejor noticia de todas?

_____

_____

_____

8. En la sección «Un encuentro con Jesús en el kilómetro treinta y dos», Chad cuenta la historia de cómo el Señor utilizó a una completa desconocida para mostrarle que no necesitaba confiar en sus propias fuerzas, sino aceptar sus debilidades y confiar en la fuerza de otro. ¿Por qué nos resulta tan difícil aprender esta lección? ¿De qué manera la gracia de Jesús actúa en medio de nuestros fracasos y debilidades?

_____

_____

_____

5

Una navaja en medio de un tiroteo

Desde la puerta de mi casa hasta la entrada trasera del parque había cerca de un kilómetro y medio. Cada mañana, durante casi tres años, tragaba una taza de café, ataba mis zapatillas y zigzagueaba por las calles del barrio hasta que mis pies tocaban tierra.

El Parque McAllister consta de casi 400 hectáreas de árboles llenos de musgo, arroyos serpenteantes y manadas de ciervos de cola blanca tan mansos que puedes pasar a pocos metros de ellos. Es como una isla de una belleza virgen e infrecuente envuelta por un mar de asfalto en San Antonio.

Bauticé uno de sus muchos senderos como mío. Lo hice con el sudor de mil carreras. Bajaba por su sinuoso recorrido a toda velocidad, escuchando música con los auriculares a todo volumen, y mirando el Garmin para asegurarme de mantener mi ritmo. Restringir mi visión periférica se convirtió en un acto reflejo. Una decisión de enfocarme exclusivamente en correr. Uno, dos, diez kilómetros. Bien podría haber estado corriendo en una cinta de gimnasio, obsesionado como estaba con mi velocidad y mis objetivos. Mi programa de entrenamiento era lo único que importaba.

Hasta que un día, sintiéndome repentinamente agotado, aflojé el paso. Me quité los auriculares, dejé de mirar el reloj y me obligué a caminar. En cuestión de minutos me di cuenta de que, en realidad, este sendero que creía conocer tan bien era un territorio desconocido para mí.

Miré hacia arriba. A pocos metros se alzaba un árbol viejísimo, alto y exaltado, en una de cuyas enormes ramas había una colonia de abejas que zumbaban sobre la corteza. Miré hacia abajo. Cerca de una densa maleza había un tronco podrido sobre el cual había brotado una familia de setas rosas y moradas. Más allá, a la izquierda, divisé un ligero movimiento en la hierba. Era un cervatillo, casi invisible bajo el camuflaje que Dios le dio, mirándome con sus grandes e inocentes ojos marrones. A medida que caminé, vi un área de flores alrededor de un balde oxidado, y un árbol caído que cubría perfectamente la brecha entre las dos orillas del arroyo.

Cada pocos pasos me detenía. Miraba. Escuchaba. Y descubría algo nuevo.

En su mundo natural, Dios había entretejido todos estos dones de sencillez y belleza. Sin embargo, innumerables veces, yo había pasado junto a ellos como un ciego, en mi camino hacia la consecución de un objetivo. Un objetivo artificial, fabricado en mi mente. Cuando disminuí la marcha, abrí los ojos y miré *las cosas mismas* en vez de mirar *a través de ellas*, el Creador me mostró la obra que él había estado haciendo mientras yo estaba enfrascado en hacer la mía.

Había utilizado el sendero para correr, pero a decir verdad, no se trataba realmente de mantenerme sano y en forma. Estaba entrenando mi sistema de autoconservación. Correr se había convertido en eso. Era un esfuerzo por superar la ansiedad. Recorría kilómetros suficientes para eludir la autodecepción. Para crear una distancia entre mí y la jauría de miedos que me acosaba. Si me ceñía a mi programa, quizás por fin podría mantener también un poco de paz.

En otras palabras, correr se había convertido en un arma de mi arsenal para luchar contra una legión de demonios interiores.

El día en que reduje la velocidad e inspeccioné las huellas de Dios a mi alrededor, vislumbré, por un momento, una verdad que había ignorado. No estoy hablando de, como dice el dicho, pararme a oler las rosas. Esto era muy distinto. Había en marcha una verdad más profunda.

Podía correr treinta kilómetros diarios por este sendero, mejorar mi forma, y aumentar mi velocidad. Podía llevar la mejor ropa, escuchar la música más alegre, y ceñirme a mi programa con un celo religioso. Sí, parecería impresionante. Cualquier cosa en la que hubiera invertido tanto esfuerzo estaba calculada para tener éxito, ¿verdad? Si había un arma que funcionaría en la batalla contra mis demonios, sin duda sería esta.

O bien, podía admitir una dolorosa verdad: que todo este entrenamiento era como una cinta de correr sobre la cual no avanzaba en el camino de la curación. Por más rápido que corriera, simplemente daba vueltas en el mismo sitio. Todo era artificial. Era un proyecto de autoayuda. Un programa de autoconservación. Correr era un arma que estaba forjando en el fuego de mi propia energía. Necesitaba algo radicalmente distinto. Algo no ideado, planificado ni controlado por mí.

Necesitaba algo más sencillo, más básico; un arma más centrada en la obra de Dios que en la mía.

Cuando Dios me hizo señas para que mirara más allá de mis planes, al lienzo de su creación, empecé a ver esta verdad: que tal como plantó el árbol en el que zumbaban las abejas, o creó al cervatillo que estaba en la hierba y dio vida a las flores que rodeaban el balde oxidado, él estaba trabajando de otras formas que escapaban a mi control y mi manipulación.

Cuando buscamos un arma para librar nuestras batallas, gravitamos hacia lo complicado, pero Dios nos dirige hacia lo sencillo. Tendemos a elegir lo hecho por el hombre, pero Dios nos guía a lo fabricado por él. Queremos una herramienta que podamos controlar y manipular, pero Dios dice: *No, lo que necesitas es una herramienta de mi creación, llena de mi Espíritu.*

El desafío es el siguiente: las armas del Señor, con las que se libran nuestras batallas, no parecen hechas para funcionar. Lucen poco convincentes, como una navaja en medio de un tiroteo. Son sencillas, ordinarias, cotidianas. Sin embargo, como ya hemos visto, ese es el método que Dios elige. Oculta la fuerza bajo la debilidad. La gloria bajo lo humilde. Lo bello bajo lo feo.

Si abrieras la puerta del arsenal del cielo, ¿qué clases de armas encontrarías alineadas? Fragmentos de vasijas de barro, antorchas, instrumentos de bronce, un trozo de madera seca, un cuenco de agua y —tras todo ello— una gran cantidad de palabras.

Tales son las armas que Gedeón descubrió un día.

La banda de música y la clase de alfarería de Gedeón

De todos los personajes excéntricos del libro de los Jueces, Gedeón destaca por ser alguien que no destacaba. En su propia opinión, era un hombre que no llamaba la atención. Fácilmente olvidado y pasado por alto. Ciertamente, de toda la multitud, no era la persona que habríamos escogido para que fuera el salvador de Israel.

Cuando el ángel del Señor se le apareció y lo llamó «valiente guerrero», Gedeón probablemente miró por encima de su propio hombro (Jue 6:12). ¿Quién? ¿Yo? «Ah Señor, ¿cómo libraré a Israel?», protestó. «Mi familia es la más pobre en Manasés, y yo el menor de la casa de mi padre» (v. 15). ¿Un valiente guerrero? Más bien el enano de la camada, el niño descoordinado que siempre era elegido al final para el equipo.

El miedo y la inseguridad atormentaban a Gedeón. Había que tranquilizarlo una y otra vez. Cuando el ángel insistió en que Dios estaría con él, y que lo fortalecería, Gedeón necesitó una señal tras otra para calmar sus nervios. Cuando el Señor le dijo que demoliera el altar idólatra de su padre, lo hizo, pero solo bajo el manto de la oscuridad, porque «temía mucho a la casa de su padre y a los hombres de la ciudad para hacer esto de día» (v. 27). Y justo antes de una batalla culminante, el Señor tuvo que volver a apuntalarlo. «Pero si tienes temor de descender [contra el enemigo], baja al campamento con tu criado Fura», le ordenó (7:10). Así que Gedeón bajó al campamento a hurtadillas y oyó a un enemigo contar un sueño en el que Gedeón los derrotaba. Aquella afirmación, procedente de una fuente inesperada, finalmente lo preparó para el ataque.

Sin embargo, mientras Dios reforzaba la confianza de su siervo, al mismo tiempo parecía empeñado en socavarla. Cuando los israelitas se preparaban para luchar contra los madianitas bajo el liderazgo de Gedeón, el Señor decidió que tenía demasiados soldados. Con un ejército tan grande, su pueblo podría pensar que lo habían logrado solos. Así que el Señor redujo el número. Primero, de treinta y dos mil a diez mil, y luego, de diez mil a unos míseros trescientos. Y no se trató de trescientos espartanos. No me extraña que Gedeón estuviera hecho un manojo de nervios.

Eso ya era bastante malo, pero Dios aún no había terminado. Estaba a punto de soltar la verdadera bomba.

Estos trescientos israelitas no marcharían hacia el campo blandiendo arcos, espadas ni lanzas, sino trompetas, antorchas y cántaros de barro. Parecerían una banda de instituto llevando los deberes de la clase de alfarería. Esto tenía toda la pinta de una misión suicida.

Dios estaba enviando a una fuerza enclenque, armada con armas ridículas y dirigida por un general avergonzado, a una batalla que no podían ganar.

Sin embargo, triunfaron. Aquellos trescientos hombres rodearon a sus adversarios en las primeras horas de la noche. A la señal de Gedeón, rompieron los cántaros, levantaron las antorchas y tocaron las trompetas. En el campamento madianita estalló el caos. Mientras gritaban y huían, «el SEÑOR puso la espada del uno contra el otro por todo el campamento» (v. 22). En su estado de desconcierto, los soldados iniciaron una autoexterminación masiva. Los israelitas fueron la orquesta de metales y los técnicos de iluminación en el funeral autoprovocado de los madianitas.

La historia de Gedeón es un vívido recordatorio de que Dios elige armas que, en nuestra opinión, son débiles e insensatas. Nos equipa para la batalla con armamentos sencillos y armaduras poco espectaculares. ¿Por qué? Porque él nos conoce mejor de lo que nosotros nos conocemos. Sabiendo cuán propensos somos a «[apoyarnos] en [nuestro] propio entendimiento» (Pr 3:5), nos arranca ese entendimiento, dejándonos caer al suelo. De bruces. Nos recuerda nuestra génesis y de qué estamos hechos. Nos recuerda que Adán, nuestro antepasado, recibió su nombre de la *adamá*, la «tierra». Qué insensato es confiar en nosotros mismos, personas de la tierra dotadas de una sabiduría tan pobre como esa tierra. Y, lo que es más importante, nos levanta del suelo y nos pide que nos apoyemos en él. Para que aprendamos de él la verdadera sabiduría. Y para que recibamos, con fe, las sencillas armas que pone en nuestras manos.

Todas las armas que el Señor nos proporciona se forjan en el mismo lugar: en los fuegos de su Palabra. Esa, y solo esa, es la fuente de su inesperado poder. Esa Palabra divina insufló vida en los cántaros de barro, las antorchas y las trompetas del ejército de Gedeón. El Señor seleccionó lo común y, estampando en ello su firma, lo convirtió en algo poco común. Estos utensilios se convirtieron en cántaros de Dios, antorchas de Dios, y trompetas de Dios. Aunque exteriormente conservaban la apariencia de la sencillez humana, interiormente la Palabra los impregnó de la realidad interior de la autoridad divina.

Una vez que eso ocurre, esas armas ya no están bajo nuestro control ni sujetas a nuestra manipulación, sino que se convierten en dones mediante los cuales el Espíritu nos defiende de todo enemigo, de todo demonio interior, que nos acecha en esta vida.

Nuestros verdaderos enemigos

En una reciente reunión de mi congregación, los puntos a tratar incluían no solo qué porción del presupuesto anual destinaríamos a misiones y qué voluntarios organizarían el próximo «maletero o travesura», sino también lo siguiente: si permitiríamos o no llevar abiertamente armas de fuego en nuestros servicios dominicales matutinos.

De acuerdo a una ley estatal firmada por Greg Abbot, gobernador de Texas, los ciudadanos que posean una Licencia de Portación Oculta de Armas podrán, a partir de enero de 2016, llevar abiertamente sus armas de fuego en la mayoría de los lugares públicos. Si una empresa o un establecimiento religioso optan por no permitirlo, están obligados a señalarlo en el exterior del edificio, colocando un gran cartel que informe a los poseedores de una licencia que se trata de una zona sin armas.

El hecho de que un fiel pueda acercarse al altar y arrodillarse para recibir la Eucaristía con una Glock 19 atada a la cadera es un escalofriante recordatorio de la cultura del miedo en la que residimos.

¿Qué hacemos frente al miedo a la violencia que satura nuestra sociedad? Nos armamos, tomamos clases de defensa personal, llevamos gas pimienta, o instalamos elaborados sistemas de seguridad en nuestras casas. Realizamos simulacros que nos preparen para enfrentar a un tirador activo en el campus o en el lugar de trabajo. No podemos abordar un avión sin quitarnos los zapatos, dejar que todas nuestras pertenencias sean inspeccionadas y pararnos con los brazos extendidos para que nos examinen de pies a cabeza con un escáner corporal. No podemos viajar, ir a la escuela, ir a la iglesia, o siquiera comer palomitas frente a una película sin el temor de ser acechados por alguien delirante, con el gatillo fácil, o consumido por un odio asesino.

No queremos que nos cojan desprevenidos, desarmados o desprotegidos, así que tomamos medidas para garantizar nuestra seguridad. Nos armamos. Cerramos las puertas con llave. Instalamos cámaras. Levantamos barricadas. Por un lado, estas elaboradas precauciones son comprensibles y, hasta cierto punto, necesarias para el bienestar público e individual.

Sin embargo, tienen un efecto secundario inesperado. Nos centramos tanto en las amenazas externas, y en nuestros esfuerzos por frustrarlas por nuestros propios medios, que nos volvemos ciegos a los peligros más siniestros, como también a los medios prácticos y sencillos que nuestro Señor nos proporciona para protegernos de ellos.

Pablo le recordó a la Iglesia de Éfeso —y a nosotros— cuál es la mayor amenaza que enfrentamos: «Porque nuestra lucha no es contra sangre y carne, sino contra principados, contra potestades, contra los poderes de este mundo de tinieblas, contra las fuerzas espirituales de maldad en las regiones celestes» (Ef 6:12). No existe una lista de vigilancia que garantice que estas fuerzas espirituales malignas no abordarán un avión para volar hasta nuestra ciudad. No se las puede reconocer por su vestimenta, su lenguaje o su actividad en Internet. De hecho, el disfraz que eligen suele ser banal, o incluso aparentemente positivo. El demonio se disfraza de ángel de luz (2Co 11:14). Es más, los demonios pueden incluso utilizar las armas concebidas por nosotros como parte de su arsenal contra nosotros.

Mientras yo corría por aquel sendero, huía de las fuerzas espirituales del mal. De los demonios de la desesperación, la vergüenza y la culpa. Pero mi programa de autoprotección —o, en realidad, de autosalvación— no funcionaba. De hecho, esta arma se volvía en mi contra, porque yo suponía que el camino a la curación consistía en ayudarme a mí mismo. Pensaba que necesitaba recurrir a una reserva de fuerza interior. Que debía creer en mí mismo.

Eso es precisamente lo que las fuerzas cósmicas de esta oscuridad actual quieren que hagamos. Cuanto más nos volvemos hacia dentro, más profundamente nos adentramos en territorio enemigo. Cuanto más confiaba en mi programa de entrenamiento, mis agallas, mi sudor, y mis esfuerzos por redimir mi vida desperdiciada, más transformaba mi corazón en un oscuro templo para el ángel de luz.

Cuando nos sentimos a la deriva en un mar de desesperanza, tendemos a crearnos una identidad que evite que nos ahoguemos en la desesperación. Nos entregamos de lleno al trabajo, trabajando cincuenta, sesenta, setenta horas en un empleo que nos declarará importantes e indispensables. Nos matamos de hambre para perder peso o nos machacamos en el gimnasio para sentirnos deseables; para que alguien se fije en nosotros y nos quiera. Nos apegamos a personas —incluso casándonos con ellas— que infundirán sentido a nuestras vidas vacías. Y si todo lo demás falla, nos drogamos con el narcótico de la nostalgia, soñando despiertos con la gloria del pasado o con los días felices en los que significábamos algo.

En algún momento he fabricado todas estas armas, como lo ha hecho la mayoría de nosotros. Lo que realmente estamos haciendo es armarnos contra las fuerzas espirituales de la desesperación y el autodesprecio. Sin embargo, estamos coqueteando con el desastre. Mientras sigamos centrándonos en estos medios artificiales de proteger la ciudadela de nuestro ego, solo estaremos poniéndoselo en bandeja a las oscuras fuerzas cósmicas que nos alejan cada vez más de Aquel que tiene la armadura y las armas para protegernos.

La armadura líquida de Dios

Después de que Pablo señala las mayores amenazas a las que nos enfrentamos, nos dice cómo armarnos contra ellas. Debemos ponernos el cinturón de la verdad y la coraza de la justicia. Ponernos el calzado del evangelio de la paz. Tomar el escudo de la fe y ponernos el yelmo de la salvación. Llevar la espada del Espíritu, que es la Palabra de Dios. Y orar en todo tiempo en el Espíritu (Ef 6:14-18).

Sin embargo, lo más importante es el comentario inicial de Pablo. Dice: «Tomen toda la armadura *de Dios*» (v. 13, énfasis añadido). No dice: «Tomen toda la armadura de ustedes», ni «Tomen la armadura que hayan creado o comprado». Dice: Pónganse la armadura de Dios. Empuñen las armas de él. Cúbranse de pies a cabeza con la protección que él les proporciona.

La armadura del cielo no es un sistema de esfuerzos que ponemos en práctica para librar batallas contra nuestros demonios del miedo, el remordimiento, la vergüenza y la adicción. No es la armadura de la autoayuda, la autoestima o la automotivación. No tiene nada de artificial ni complicado.

De hecho, todos los artículos de protección y defensa pueden reducirse a un simple elemento: el agua.

Cuando Jesús fue al desierto a luchar contra Satanás, su cabeza aún goteaba agua del Jordán. Después de ser bautizado, «Enseguida el

Espíritu lo impulsó a ir al desierto. Y estuvo en el desierto cuarenta días, siendo tentado por Satanás» (Mr 1:12-13). Marchó a territorio enemigo vestido con una armadura líquida. Luego de ser bautizado, el Espíritu se posó sobre él «como una paloma», y el Padre declaró: «Tú eres Mi Hijo amado» (vv. 10-11).

Empapado del favor del Padre, y lleno de su Espíritu, Jesús estaba armado para el conflicto con los demonios. De hecho, tal como lo describe uno de los Padres de la Iglesia, Cirilo de Jerusalén, el conflicto ya había comenzado en el Jordán. Describe el bautismo de Jesús como su descenso a las aguas, donde «encadenó al fuerte, para que adquiriéramos el poder de pisar escorpiones y serpientes», es decir, a nuestros propios enemigos[1]. La guerra ya estaba ocurriendo en el agua. Y la victoria fue asegurada.

El medio que el Padre eligió para prepararnos para cada batalla a la que nos enfrentemos es tan común como el material que utilizamos para lavar los platos sucios. Somos «bautizados en Cristo Jesús»; es decir, «hemos sido sepultados con Él por medio del bautismo para muerte, a fin de que como Cristo resucitó de entre los muertos por la gloria del Padre, así también nosotros andemos en novedad de vida» (Ro 6:3-4)[2]. Nuestro «viejo hombre fue crucificado con Cristo» (v. 6) cuando fuimos fijados a su cruz por medio de clavos líquidos. Y nuestro nuevo yo, creado de nuevo a la imagen de Cristo, resucitó en esas mismas aguas.

Nos ponemos la armadura de Dios cuando el Padre nos viste de Cristo en el bautismo. La verdad de que él nos ha adoptado nos rodea como un cinturón. La justicia de Jesús es nuestra coraza. El agua que se derrama sobre nuestras cabezas es un casco. El calzado del evangelio de la paz es la buena noticia de que andamos en su favor. El escudo de la fe apaga todos los dardos encendidos del maligno porque está mojado con el agua de la fidelidad de Cristo a nosotros. Y la espada del Espíritu, la Palabra de Dios, es aquella Palabra que nos dice lo mismo que le dijo a Jesús en el Jordán: «Tú eres mi hijo amado»; «Tú eres mi hija amada». Porque «todos ustedes son hijos de Dios mediante la fe en Cristo Jesús. Porque todos los que fueron bautizados en Cristo, de Cristo se han revestido» (Gá 3:26-27).

Armados de Cristo, y cubiertos por su gracia, estamos a salvo. A salvo de un modo que ningún programa ideado por nosotros puede lograr. Las identidades que anhelamos, la valía que deseamos, obtienen respuesta cuando el Padre nos declara hijos suyos en el bautismo. El amor que anhelamos nos llena cuando el Espíritu nos lava en la gracia de Jesús. En lugar de buscar aprobación y hacernos atractivos sometiendo nuestros cuerpos a rutinas de ejercicios y rigurosos programas de entrenamiento, podemos oír a nuestro Padre decir: «Te amo tal como eres. Con sobrepeso o delgado. Simple chica del vecindario o reina de belleza. Con arrugas o bótox. Ahora formas parte del cuerpo de mi Hijo. Solo te veo en él. Y, puesto que estás en él, te veo sin mancha, resplandeciente, santo/a».

Mientras que nosotros tendemos a enfocarnos hacia dentro —en lo que podemos hacer, y en los medios artificiales de protección que ideamos—, Dios siempre dirige nuestra mirada hacia el exterior, hacia Jesús, que nos arma envolviéndonos en el bautismo.

Todo es profundamente simple; tan simple que nos cuesta tragarlo. Al igual que los cántaros de barro, las trompetas y las antorchas de Gedeón, el agua no tiene nada de glorioso. La usamos para ducharnos, para tirar la cadena, y para mantener verde la hierba. Sin embargo, es por eso que nuestro Padre la elige. Porque es corriente. Porque no es impresionante. Porque es la máscara perfecta tras la cual puede esconderse para hacer cosas extraordinarias con y por nosotros. Es como los utensilios de Gedeón, como una cruz romana y como la vara de Moisés.

La vara de Dios

Cuando hablamos de Moisés, hace un momento, hubo un elemento de su historia al que solo hicimos alusión. Para rescatar a los israelitas de la esclavitud, el Señor no solo hizo uso de este hombre corriente con un trabajo corriente, sino que lo armó con un trozo de madera corriente. Blandiendo solamente un cayado de pastor, Moisés luchó contra el líder más poderoso de la nación más poderosa de la tierra. Dios lo envió a talar un bosque con un palo.

«¿Qué es eso que tienes en la mano?», preguntó Dios a Moisés. (Éx 4:2)

«Una vara», respondió.

«Échala en tierra», le dijo. (v. 3)

Y cuando Moisés lo hizo, se convirtió en una serpiente. Más tarde, Moisés y Aarón utilizarían esta vara para tragarse las varas de los magos del Faraón (7:8-13), para convertir el Nilo en sangre (v. 19), para llenar la tierra de ranas (8:5) y para transformar el polvo egipcio en piojos (8:16). En el encuentro culminante de los israelitas con los egipcios, Moisés sostuvo su vara sobre las aguas del mar Rojo para abrirlas, permitiendo el cruce del pueblo, y luego para cerrarlas, encerrando a sus perseguidores egipcios en una enorme bolsa de cadáveres. Armado con un trozo de madera seca, Moisés logró la mayor victoria militar de la historia bíblica.

Su modo de hacerlo se revela en un solo versículo: cuando Moisés viajó a Egipto, «tomó también la vara de Dios en su mano» (4:20). Al igual que con los cántaros, las trompetas y las antorchas de Gedeón, el Señor reclamó este bastón como suyo. Se convirtió en la vara de Dios. La santificó, la hizo sagrada; llenó lo simple con lo profundo. La vara encarnaba la mano poderosa y el brazo extendido de Yahvé, de los cuales Deuteronomio habla con frecuencia (p. ej., Dt 7:19)[3].

Una tradición judía dice que esta vara fue uno de los diez objetos formados en el ocaso de la víspera del primer *sabbat* de la creación. Pero no era nada tan profundo. Era una simple rama de árbol, cortada, secada y convertida en herramienta y arma de pastor. No tenía nada de impresionante, ni mucho menos de mágico. Su poder radicaba en que Dios la había reclamado. Era un vehículo para su obra de gracia en este mundo. El cayado «hablaba» de la voluntad salvadora y protectora de Dios para su pueblo.

Cuando estamos inmersos en algún tipo de lucha —espiritual, emocional o relacional—, todos tendemos a suponer que, cuanto más grande y esplendoroso sea el medio de rescate, mejor funcionará. Nos inscribimos en algún seminario en línea sobre guerra espiritual. Devoramos libros superventas sobre cómo renovar totalmente nuestras vidas para superar barreras y lograr un éxito notable. Entrenamos nuestra mente para pensar positivamente, y para declarar y reclamar la victoria. Algunos acabamos en iglesias en las que el culto es una serie de servicios conmovedores y sobrecogedores en los que supuestamente se exhibe el poder del Espíritu.

Todo esto está diseñado para impresionar. Y, al menos temporalmente, suele hacerlo. No obstante, los medios de rescate que Dios elige, sus armas, nunca te impresionarán. Pero te salvarán.

Las armas de Dios siempre te alejan de ti mismo. Al reducir las fuerzas de Gedeón y armarlo con instrumentos tan insensatos, el propósito del Señor era asegurarse de que los israelitas abandonaran toda falsa esperanza de que podrían alcanzar la victoria mediante sus propias proezas en la batalla. Las armas eran un recordatorio visible de que no podían mirarse a sí mismos. Dios lucharía por ellos bajo la apariencia de instrumentos débiles. Del mismo modo, cuando Israel, en el mar Rojo, entró en pánico al ver que el ejército egipcio se acercaba, Moisés, de pie con la vara en la mano, les dijo: «No teman; estén firmes y vean la salvación que el SEÑOR hará hoy por ustedes. [...] El SEÑOR peleará por ustedes mientras ustedes se quedan callados» (Éx 14:13-14). En otras palabras, apresúrense a no hacer nada. Por medio de su vara, él obrará la salvación para ustedes.

No hacer nada es lo que más nos cuesta hacer. Preferiríamos hablar por horas antes que guardar silencio absoluto por algunos minutos. Preferimos que nos digan que planifiquemos esto, o cumplamos aquello, o nos ocupemos de tales objetivos, antes que simplemente recibir lo que el Señor hace por nosotros. Nos parece demasiado fácil. Demasiado infantil. Demasiado indicador de que, en nuestra defensa, recuperación y salvación final, no desempeñamos ningún papel.

Sin embargo, efectivamente no lo desempeñamos. ¡Y esa es la mejor noticia de todas! Somos los destinatarios de la labor del Señor. Él te salvará y tú solo tienes que hallarte atrapado. Él te perdonará y tú solo tienes que ser pecador. Él te dará una nueva identidad, te quitará toda mancha de vergüenza y te llenará de una paz interior que este mundo no puede dar. Y tú no tienes que hacer nada. Como dice el autor y pastor R. J. Grunewald, la nueva persona que somos en Cristo «tiene las manos vacías, y no se aferra a otra cosa que a la obra de Jesús»[4]. Nuestras manos de fe, vacías y extendidas, están llenas de la obra de gracia de Jesús.

La vara de Moisés, los cántaros de Gedeón, las aguas del bautismo; todos esos son los modestos medios que nuestro Señor elige para defendernos. Cada uno, a su manera, es la Palabra de Dios hecha visible. Una palabra de madera. Una palabra de cerámica. Una palabra líquida. No son las palabras que buscaríamos, o siquiera las que esperaríamos, pero son las palabras de la vida misma. Y son las palabras que se forman en la cruz del propio Cristo.

«Los judíos piden señales y los griegos buscan sabiduría», dice Pablo, pero «nosotros predicamos a Cristo crucificado» (1Co 1:22-23). Exigimos rendimiento, entretenimiento, soluciones rápidas y una espiritualidad procesada, repleta de la grasa y el azúcar de la sabiduría de este mundo. Queremos una lista de cosas que hacer para defendernos, ser mejores, y sentirnos seguros en este mundo teniendo el control. Pero Dios nos atrae a Cristo crucificado. A un trozo de madera seco, manchado de sangre, del que cuelga el Señor de la vida. A una vasija rota de la que brota la luz de la victoria. A un grito, «¡Consumado es!», que resuena como una trompeta en medio de la noche de este mundo caído para anunciar que nuestro pecado ha sido perdonado, nuestra muerte ha muerto y todos los demonios han perdido sus colmillos y su capacidad de ladrar por el aplastante golpe del sacrificio salvador del propio Dios.

Por el río del bautismo fluimos en dirección a Cristo crucificado. Cuando él murió, de su costado brotaron agua y sangre. Cuando se nos crucifica y sepulta con él en el bautismo, su sangre acuosa nos reviste de su propia justicia. Cuando contemplas la realización de un bautismo, parece un juego de niños. Se rocía un poco de agua y se pronuncian algunas palabras. Pero en ese baño se oculta la armadura del Todopoderoso. El yelmo de la salvación, la coraza de la justicia, el cinturón de la verdad, el calzado del evangelio, el escudo de la fe. Y en nuestra boca se coloca la espada del Espíritu, la Palabra de Dios, con la cual todo asalto maligno es vencido.

Tres simples palabras —*He sido bautizado*— hacen que todo el infierno caiga en picada. Esa trinidad de palabras derrota a nuestros demonios interiores, porque nos llaman hijos del Padre.

Yo las pronuncio cada mañana, cuando me levanto, para recordarme que, aunque lucho contra la tentación, tengo un Señor que fue crucificado por mí. Las pronuncio mientras conduzco hacia el trabajo, para recordarme que, cualquiera sea el obstáculo que el día me depare, estoy a salvo en el amor de mi Salvador. Cuando los demonios de mi pasado intentan convertir mi presente en una guerra de autoaborrecimiento y autocompasión, me digo que *He sido bautizado*, pues sé que mis inmoralidades y mentiras pasadas fueron lavadas en el mar de la gracia de Cristo. Y las digo por la noche, al reflexionar sobre mis fracasos del día, pues sé que, en Jesús, el Padre me ve como perfecto e íntegro.

En su libro *Liturgy of the Ordinary*, Tish Harrison Warren escribe:

> Como cristianos, cada mañana despertamos como bautizados. Estamos unidos a Cristo, y sobre nosotros se pronuncia la aprobación del Padre. Desde el momento en que despertamos, somos marcados por una identidad que se nos da por gracia: una identidad más profunda y real que cualquier otra que hayamos de asumir ese día[5].

Esta identidad define quiénes somos y a quién pertenecemos. Nos cubre desde que suena el despertador hasta que nuestra cabeza cae sobre la almohada en la noche. Incluso nos protege mientras dormimos. Despiertos o soñando, estamos protegidos por estas tres palabras: *He sido bautizado*.

Nuestras vidas son complicadas. A menudo son un desastre. Luchamos contra las fuerzas espirituales del mal, presentes en los lugares celestiales, que intentan deslizarse hasta el interior de nuestros corazones fracturados. Pero la defensa que nuestro Señor realiza en nuestro favor no es complicada. Simplemente dice: *Eres mío. Te he bautizado en mi Hijo. Ningún demonio, culpa ni desesperación pueden cambiar ni disminuir mi amor por ti.*

De lo que me di cuenta, en aquella carrera, hace años, es lo mismo de lo que vuelvo a tomar conciencia cada día. No necesitamos un arma espiritual ideada o controlada por nosotros. No necesitamos un arsenal lleno de una artillería espiritual impresionante que podamos manipular para rescatarnos a nosotros mismos. Lo que necesitamos es lo que ya tenemos: la obra de Dios hecha en nuestro favor. Una herramienta creada por él, llena de su Espíritu.

Tenemos la cruz del bautismo, que nos forma como hijos e hijas del Padre. Tenemos las palabras verdaderas del Espíritu, que nos protegen de toda acusación del padre de la mentira. Tenemos a Jesús —o, mejor dicho, Jesús nos tiene a nosotros—, y él lucha por nosotros con un celo encendido por un amor inextinguible. Así que puedes descansar en la sagrada sencillez de una identidad que te pertenece en él. Descansa en la paz de saber que nada depende de ti, sino solo de él. Descansa en el agua del bautismo, y en la Palabra de su favor, que te une a una cruz en la que estás armado con la gracia del cielo.

Preguntas de discusión

1. Reflexionen sobre esta cita: «Cuando buscamos un arma para librar nuestras batallas, gravitamos hacia lo complicado, pero Dios nos dirige hacia lo sencillo». ¿Cuáles son algunos de nuestros proyectos de autoayuda o programas de autoconservación favoritos que nos gusta utilizar para «arreglarnos»? ¿Por qué tienden a gustarnos más que los métodos de Dios?

_____

_____

_____

2. Lean o repasen la historia de Gedeón, especialmente en Jueces 6-7. ¿Cómo lo caracterizarías a él, y su personalidad? ¿Cuáles eran sus debilidades? ¿Cómo respondió el Señor a esas debilidades? ¿Por qué, para dirigir el ejército, Dios elegiría a alguien que obviamente luchaba contra el miedo? Analicen lo que podemos aprender de esto hoy.

_____

_____

_____

3. ¿Por qué el Señor hizo que Gedeón redujera el tamaño de su ejército (Jueces 7:2)? ¿Con qué «armas» extrañas armó Gedeón a sus guerreros (7:16)? Hablen de por qué el Señor dispuso la batalla como lo hizo. ¿Cuál era el verdadero poder tras las armas que se utilizaron? ¿Qué implica eso para la vida de la Iglesia hoy?

_____

_____

_____

4. Lean Efesios 6:10-12 y 2 Corintios 11:14. Analicen cómo nuestra atención a las amenazas físicas externas y a nuestros esfuerzos por frustrarlas pueden cegarnos a los peligros espirituales más siniestros y a los medios que Dios ha proporcionado para protegernos. ¿Por

qué nuestros enemigos espirituales quieren que nos volvamos hacia dentro, que confiemos en nosotros mismos?

_____

_____

_____

5. Lean Efesios 6:13-17. Analicen cada uno de los elementos de la armadura y lo que implican. ¿Por qué es importante señalar que esta armadura es «de Dios»?

_____

_____

_____

6. Lean Romanos 6:3-11 y Gálatas 3:26-27. Utilizando el lenguaje de estos textos, describan lo que Dios hace por nosotros en el bautismo. ¿De qué manera el bautismo nos reviste con la armadura de Jesús? ¿De qué manera nuestro Padre utiliza el bautismo para dirigirnos no hacia dentro, hacia nosotros mismos, sino hacia fuera, hacia Jesús?

_____

_____

_____

7. Lean Éxodo 4:1-5; 4:17-20; 7:8-13, 19; 8:5, 16; 14:13-16. Según estos versículos, ¿qué hizo Dios a través de la vara de Moisés? ¿Qué estaba enseñando el Señor a los israelitas, y a nosotros, al obrar tales milagros utilizando un trozo de madera tan sencillo y modesto? ¿De qué manera esa vara nos conduce a la cruz?

_____

_____

_____

8. Analicen de qué manera las tres palabras —«He sido bautizado»— pueden hacer que todo el infierno caiga en picada. ¿De qué manera el bautismo establece nuestra identidad en Cristo? ¿De qué manera utiliza el Señor el bautismo para moldearnos como sus hijos e hijas?

_____

_____

_____

6

Los santos Juan y Juana Pérez

De camino al servicio, la hierba que bordea la calzada se ha descolorado hasta adquirir un tenue color marrón, mientras que los árboles parlotean en múltiples colores. Dentro de algunas semanas, de la cocina saldrá olor a pavo asado. Y nada más anoche, unos niños disfrazados llegaron a nuestra puerta para pedirnos una golosina.

Es esa época del año. La naturaleza entra en hibernación, las familias planean sus vacaciones y la Iglesia se reúne para recordar a los olvidados.

El primero de noviembre es uno de los días más edificantes y a la vez infravalorados del año eclesiástico. En tradiciones como la mía, cuyo culto se organiza en torno a un calendario litúrgico, este día se denomina Día de Todos los Santos.

Es un tipo diferente de día sagrado. En determinados días repartidos a lo largo del año, recordamos la vida y la muerte de creyentes conocidos. El 17 de marzo, san Patricio, misionero en Irlanda. El 27 de agosto, santa Mónica, madre de Agustín. El 30 de noviembre, san Andrés, apóstol de Jesús. Puede que no sepamos todo sobre estas personas, pero sabemos lo suficiente. Sabemos sus nombres y aproximadamente cuándo vivieron. Contamos historias y tradiciones sobre sus vidas. Incluso cantamos canciones sobre ellos. Al menos en la cultura de la Iglesia, estos santos son famosos.

Sin embargo, el 1 de noviembre no es para los famosos. Es para los no famosos, los olvidados, los desconocidos y los pasados por alto. Esas pequeñas personas guardadas en cajas en el ático de la memoria de la Iglesia. Personas para las cuales no se oirá el coro de los místicos acordes de la memoria a lo largo de los siglos. Nadie compondrá himnos sobre ellas ni elaborará oraciones que las recuerden. Son los santos Juan y Juana Pérez.

El Día de Todos los Santos es el día en que la Iglesia se acuerda de los olvidados.

El día en que la Iglesia se acuerda de recordar a personas como la mayoría de nosotros.

Hace un par de años, mi familia pasó unas vacaciones cerca de Gatlinburg, Tennessee. Mientras serpenteábamos por una de las estrechas carreteras de las Montañas Humeantes, divisamos un diminuto cementerio, medio aislado al interior de un denso follaje. Estacionamos el automóvil y paseamos entre las deterioradas lápidas. Una llevaba las fechas del 12 de marzo de 1898 al 14 de marzo de 1898. La inscripción era tan sencilla como dolorosa: «Bebé de Thomas y Margaret Fitzpatrick». No recibió un nombre. Debajo había grabada una cruz y las palabras «Dormido en Jesús». En el Día de Todos los Santos, recordamos a este niño.

En la Nochevieja más reciente, mi mujer y yo pasamos el día en el centro de San Antonio. Abordamos un barco que nos dio una vuelta por el paseo fluvial. Disfrutamos de mariscos, nos tomamos una margarita por la noche y vimos cómo el cielo nocturno se iluminó con deslumbrantes fuegos artificiales cuando el reloj marcó la medianoche. A la mañana siguiente, temprano y con ojos somnolientos, paseamos por las calles cercanas al Álamo. El bullicio de la noche anterior se hallaba ahora apagado. Los trabajadores municipales, con sus chalecos naranjas, correteaban por todas partes. Vaciaban papeleras, recogían latas de cerveza y barrían colillas. Ninguno de nosotros pensaba en ellos la noche anterior. Olvidadas, esas criaturas de Dios trabajan prácticamente en el anonimato. En el Día de Todos los Santos, también nos acordamos de recordar a personas como estas —que, en su vida terrenal, se dedicaron a limpiar el desorden del mundo—.

Nos acordamos de recordar a los granjeros y ganaderos desconocidos que trabajaron para poner comida en nuestra mesa. Los artesanos que construyeron la mesa para sostener los platos de comida. Los albañiles que construyeron la casa en la que se ubica la mesa. Los topógrafos que trazaron los metros cuadrados del terreno en que se construyó la casa. Y los hombres y mujeres que pagaron la factura de todo ello. Personas que nunca conoceremos, cuyas vocaciones, inversiones y conocimientos hicieron posible una sencilla comida en nuestra sencilla casa. Siervos del Señor que hicieron su trabajo, recibieron su paga y volvieron a casa con sus propias familias. Nos acordamos de recordarlos a todos.

El Día de Todos los Santos aplana la jerarquía de la santidad que solemos suponer que existe en el reino de Dios. No recordamos solo a los grandes santos, sino a todos los creyentes que forman parte de la asamblea que contempló Juan: «Una gran multitud, que nadie podía contar, de todas las naciones, tribus, pueblos, y lenguas, de pie delante del trono y delante del Cordero, vestidos con vestiduras blancas y con palmas en las manos» (Ap 7:9). El 1 de noviembre democratiza esta vasta multitud de creyentes, diciéndoles, al hijo de Thomas y Margaret

Fitzpatrick, a los que limpiaron el desorden de los demás y a todos los hijos de Dios que cayeron por entre las grietas del mundo: «Tu vida cuenta. Eres importante. No eres solo una estadística, un cuerpo, un número. Jesús pensaba en ti mientras colgaba de la cruz. Nuestro Padre te conoce por tu nombre».

Sin embargo, el Día de Todos los Santos no es solo una remembranza anual de quienes han dejado este velo de lágrimas, sino también un vívido recordatorio para todos cuantos aún nos abrimos camino en él. Nos acordamos de recordar que Dios nunca nos olvida. No salimos de su mente ni por un milisegundo. Aun las mamás y los papás más diligentes tienen momentos en los que sus hijos no ocupan el primer plano de su mente. «¿Puede una mujer olvidar a su niño de pecho?», pregunta Dios a Sión. Y luego responde: «Aunque ella se olvidara, Yo no te olvidaré. En las palmas de Mis manos, te he grabado» (Is 49:15-16). Dios no es simplemente consciente de que existimos. Se sentó en la silla de un tatuador para llevar nuestros nombres grabados en su piel.

Mientras me dirijo a la iglesia para asistir al servicio del Día de Todos los Santos, sé y creo todo esto. Pero, al mismo tiempo, dudo de ello y no lo creo.

Porque, aunque suene bien, también parece demasiado bueno para ser verdad. La población de nuestro mundo bordea los siete mil millones de personas. ¿Quién soy yo para pensar que, entre tanta gente, un Dios todopoderoso se fija en mí? Mi única posibilidad de ser conocido es hacer algo que llame la atención de mi Señor.

Al mirar la hierba marrón y los árboles multicolores, estos dos íconos del otoño me recuerdan aquello que tan a menudo determina mis decisiones. La hierba moribunda no solo es un emblema de la brevedad de mi vida, sino también de lo aburrida e incolora que suele ser. Me levanto, voy a trabajar, vuelvo a casa, me meto en la cama y hago lo mismo al día siguiente. Me atormenta una persistente sensación de falta de realización. Una especie de existencia semejante a la hierba marrón sobre la cual pende una opaca nube de anonimato.

Así que, por una apremiante sensación de que debo hacer algo que me distinga, que me haga especial, me esfuerzo por añadir a mi vida algo de destello y vitalidad. Necesito más árboles cromáticos en el monótono césped de mi biografía. Una pizca de fama. Una vitrina de trofeos que pueda exhibir. Cualquier cosa que llame la atención de los demás —y de Dios— y los haga decir: «Este tipo sí que se ha hecho un nombre».

El anonimato degenera fácilmente en temor, ¿verdad? A veces luchamos contra este miedo construyendo nuestras propias torres de Babel. Los antiguos obreros que se asentaron en la tierra de Sinar construyeron el primer rascacielos del mundo, diciendo: «Hagámonos un nombre» (Gn 11:4). Dios le puso un nombre a Adán. Este nombró a los animales y más tarde a su mujer. Eva nombró a Caín y a Set. Nadie eligió su propio nombre mirando un libro de bebés. Lo recibió de alguien. Sin embargo, los constructores de la torre quisieron invertir esta situación. Querían hacerse un nombre. Crearían algo grande, algo que destacara. La torre era la encarnación de su ego. Decía: «Mírennos. Somos importantes. Vean lo que hemos conseguido».

No obstante, tanto en el mundo antiguo como en el nuevo, las torres de Babel solo dan lugar a confusión. El Señor mezcló la baraja lingüística de estos constructores. Se hicieron un nombre, pero no el que habían imaginado. En lugar de ser un distintivo de su logro, la torre inacabada fue tildada de Babel —un logo balbuceante y llorón de la insensata búsqueda humana de fama—. Dios sabía que no debía dejar que se salieran con la suya. Dijo: «Ahora nada de lo que se propongan hacer les será imposible» (v. 6). En otras palabras, la construcción de torres y la creación de nombres encerraban en sí mismas las posibilidades de desastres aun más espectaculares.

El temor al anonimato es el caldo de cultivo de proyectos que creemos que nos harán bien, pero que Dios sabe que solo engendrarán daño. Él no es un matón de playa que derriba a patadas nuestros castillos de arena. Es un Padre que ve lo que realmente alimenta nuestros esfuerzos bajo la superficie. Queremos ser conocidos. Que se fijen en nosotros. Queremos ser algo más que uno de esos innumerables rostros borrosos que pasan en el rápido tren subterráneo de la existencia humana. Por eso, aunque Dios frustra nuestros planes de construir torres, se acerca a la raíz del problema con amor.

Una y otra vez nos recuerda que todos los esfuerzos por hacernos un nombre son no solo vanos, sino totalmente innecesarios. Está trabajando para transformar nuestras mentes de modo que, primero, veamos nuestro anonimato no como algo digno de temer, sino como un espejismo. Él no solo nos conoce y nos llama por nuestro nombre, sino que lleva aplicadamente la cuenta de los cabellos que tenemos en la cabeza (Mt 10:30). Conoce las historias de cada una de nuestras cicatrices. Aun antes de que fuéramos concebidos, en su libro estaban escritos «todos los días que [nos] fueron dados, cuando no existía ni uno solo de ellos» (Sal 139:16). Estamos lejos de ser desconocidos por el Creador. Él conoce nuestra historia mejor que nosotros mismos. En el cielo, todos somos nombres conocidos.

Pero eso es solo parte de la forma en que nuestro Padre está transformando nuestras mentes. Lo más importante es que nos está enseñando una nueva forma de ver nuestro lugar y nuestra importancia en este mundo. Está apartando nuestra mirada de los complicados planos de nuestras torres de autoexaltación para dirigirla a la página en blanco de la existencia común y cotidiana. ¿Qué escribiremos y dibujaremos en la página de este día? En lugar de logros alucinantes que llamen la atención de la gente, nos pide que llenemos esa página con pequeños actos de sacrificio, en beneficio de los demás, e impregnados de la humilde gloria de la cruz. Esfuérzate en tu trabajo. Besa a tu cónyuge. Llama a tu madre. Invita a un compañero de trabajo a la iglesia. Saca la basura. Cómprale una hamburguesa a un indigente. Ayuda a tus hijos con sus deberes. Dona ropa a una tienda de segunda mano. Visita a un amigo enfermo en el hospital.

En lugar de escribir sobre la página vacía de este día con una bella caligrafía, usa mayúsculas de imprenta para escribir palabras sencillas que deletreen una vida de amor desinteresado.

Cada día y a cada momento, nuestra cultura nos inculca la liturgia de la superación personal. En *Life of the Beloved*, Henri J. M. Nouwen describe aquellas voces estridentes que exigen: «Demuestra que vales algo; haz algo relevante, espectacular o poderoso, y entonces te ganarás el amor que tanto deseas»[1]. Ya conoces los mantras. Llegar segundo es llegar último. Esfuérzate por superar a los demás. Destaca entre la multitud. Haz que tu vida sea digna de un meme inspirador. Sé ambicioso. Sé alguien.

Pero hay otra voz que pronuncia una palabra muy distinta. «Tengan por su ambición el llevar una vida tranquila» (1Ts 4:11). «Cuando des limosna, que no sepa tu mano izquierda lo que hace tu derecha, para que tu limosna sea en secreto; y tu Padre, que ve en lo secreto, te recompensará» (Mt 6:3-4). «No hagan nada por egoísmo o por vanagloria, sino que con actitud humilde cada uno de ustedes considere al otro como más importante que a sí mismo» (Fil 2:3). «No sean altivos en su pensar, sino condescendiendo con los humildes. No sean sabios en su propia opinión» (Ro 12:16). «Si alguien desea ser el primero, será el último de todos y el servidor de todos» (Mr 9:35).

En la Iglesia, el anonimato es la mayor fama de todas.

Hoy, al igual que en los tiempos pasados, Jesús se arremanga y va a trabajar a este mundo como alguien que «no tiene aspecto hermoso ni majestad para que lo miremos, ni apariencia para que lo deseemos» (Is 53:2). Es el «Dios que se oculta» (45:15). Arrasa torres gloriosas, pero abraza una cruz vergonzosa. «Ha quitado a los poderosos de sus tronos; y ha exaltado a los humildes» (Lc 1:52).

Los humildes. Aquellos que son como una muchacha israelita anónima cuyo sencillo servicio cambió para siempre la vida de un hombre. Una muchacha a la que Dios emplea para recordarnos las misteriosas formas en que actúa en nuestras propias vidas.

La heroína sin nombre de Siria

Era joven; el tipo de chica que, cada mañana, sube a un autobús escolar con su mochila rosa y se gira para sonreírnos y hacernos adiós con la mano.

Sin embargo, no pudo hacerle adiós a su familia el día que cambió su vida para siempre. No hubo un autobús escolar que la llevara a las aulas y al patio de recreo. Fue víctima de un secuestro; arrancada de su madre y su padre, de sus hermanos, de sus juguetes, de su cama y de cualquier otro detalle que definiera su vida. Los vecinos de Israel por el norte, los sirios, «habían salido en bandas [y] habían tomado cautiva a [esta] muchacha» (2R 5:2). Y no volvería a casa. No volvería pronto. No volvería jamás.

Así eran las cosas. Una nueva vida, un nuevo idioma, una nueva cultura, un viejo problema: la violencia y la codicia habían trastornado otra vez la vida de una víctima inocente. En su país, habría crecido, probablemente se habría casado con un hombre de su tribu y habría criado a sus propios hijos. Pero ahora era una propiedad, un objeto humano sometido a los caprichos de sus captores. Tenía motivos para creer que su vida ya no tenía sentido ni esperanza. Todo lo que había soñado ser y hacer había sido pisoteado. Es muy probable que incluso hayan cambiado la marca más personal de su identidad —su nombre hebreo—.

Pero no sabemos su nombre. Es Juana Pérez. Es una joven sierva anónima.

Sospecho que ninguno de nosotros ha experimentado un trauma que le haya cambiado tanto la vida como a ella. Y, sin embargo, muchos hemos sufrido experiencias traumáticas propias que han redefinido nuestras vidas para siempre. La fractura de la cohesión familiar por la explosión de un divorcio caótico. Los frecuentes cambios de hogar, en el caso de los niños de acogida. El embarazo adolescente no planificado que hizo caer nuestras vidas en picada. Los años vividos atrapados en una relación abusiva que dejó un sello indeleble en nuestra psique. Nos preguntamos, como ella tal vez lo hizo, cómo podría salir algo bueno de nuestras vidas. Cualquier oportunidad que hayamos tenido se halla ahora destruida. Nos miramos en el espejo y vemos lo que suponemos que los demás ven: un don nadie, una causa perdida, un cuerpo que simplemente ocupa espacio en un planeta ya sobrepoblado de gente prescindible.

De todos los lugares a los que podría haber ido a parar nuestra amiguita, se convirtió en propiedad de una prestigiosa familia militar. Su amo, Naamán, presumía de una impresionante lista de logros. Era «capitán del ejército del rey de Aram», el equivalente antiguo de nuestro Presidente del Estado Mayor Conjunto. Era «un gran hombre delante de su señor y tenido en alta estima, porque por medio de él el Señor había dado la victoria a Aram», y «era un guerrero valiente» (v. 1).

Lo tenía todo: prestigio, honor, éxito, poder, influencia. Alguien digno de tener en cuenta. A diferencia de su sirvienta, Naamán tiene un nombre y es conocido. Es el tipo de persona para la cual su ciudad natal organiza un desfile. Es la clase de persona que se pone delante del espejo, sonríe y dice: «Este tipo sí que se ha hecho un nombre».

Sin embargo, cuando Naamán se miraba en aquel espejo, veía otra cosa. Algo que no quería ver. Al mirar su piel, veía manchas, costras y escamas que ningún médico sirio podía curar. Pese a toda su aparente grandeza, aquel hombre «era [...] leproso» (v. 1).

Es difícil sentir lástima por Naamán. Si sentimos algo, es la expresión alemana *Schadenfreude*, un placer derivado de la desgracia ajena. Una especie de gozo malicioso. *Te lo mereces*, pensamos. *Secuestraste a esta chica, pero eres prisionero de tu propia enfermedad*. Seré sincero: si yo hubiera estado en los zapatos de ella, cada vez que hubiera visto al general rascarse la piel reseca, probablemente habría sonreído de satisfacción en mi corazón.

Pero yo no soy ella y —gracias a Dios— ella no era como yo. El Señor le dio a esta sierva una perspectiva que yo necesito desesperadamente. Una perspectiva que todos necesitamos.

Ella, se nos dice, trabajaba «al servicio de la mujer de Naamán» (v. 2). La mujer que compartía lecho con Naamán; la que percibía la profundidad del sufrimiento de su marido como solo puede hacerlo una esposa. Quizás un día la señora de la casa se lamentó abiertamente de la difícil situación de su marido. «Otro médico, otro remedio fallido. Está cada vez peor. Moveríamos cielo y tierra para encontrar una cura. Pero dondequiera que vayamos, es solo otro callejón sin salida». Y la muchacha que lo había perdido todo, de la que podríamos suponer que, silenciosamente, gozaba con la enfermedad de su señor, nos muestra cómo luce el verdadero amor. «¡Ah, si mi señor estuviera con el profeta que está en Samaria!», exclamó. «Él entonces lo curaría de su lepra» (v. 3).

De todo lo que alguna vez esta muchacha dijo o diría más adelante en su vida, solo se registra esta exclamación. En hebreo, son solo diez palabras. Sin embargo, en ellas se comprimen diez mil sustantivos de fe y verbos de esperanza. Todo un vocabulario de redención, así como de liberación del dolor y la vergüenza. No estaba obligada a decir aquello. Pero brotó espontáneamente de sus labios. El hebreo para «Ah, si...» podría traducirse: «¡Ah! ¡Si tan solo!». «¡Ah! Si tan solo Naamán hiciera un viaje a mi patria. Si tan solo visitara a ese profeta que conozco. Si tan solo hiciera eso, el Dios de ese profeta, mi Dios, Yahvé, lo curaría. ¡Ah! ¡Si tan solo!».

Lo más destacable de esta historia no es la peregrinación que Naamán haría más tarde para ver al profeta en Israel. Ni siquiera lo es su posterior curación en las aguas del Jordán. No, lo más notable es que este poderoso general, este guerrero valiente ante el que habían caído ejércitos, descubre en las palabras de una niña esclava anónima la esperanza que no había encontrado en ningún otro lugar. Su mujer le transmitió lo que la niña le había dicho. Así que fue a buscar a su propio señor, el rey de Siria, y le dijo: «Esto y esto ha dicho la muchacha que es de la tierra de Israel» (v. 4). Y el rey respondió: «Ve ahora, y enviaré una carta al rey de Israel» (v. 5).

Imagínatelo. Dos hombres con poder y prestigio internacional, un general y un rey, entablando conversación a partir de lo dicho por una muchacha sin poder alguno. Y no solo conversan, sino que creen. Y no solo creen, sino que ponen todas sus esperanzas sobre los estrechos hombros de lo que ella había confesado.

Sus palabras alteraron para siempre el curso de la vida de Naamán. Emprendió el viaje. Tras mostrarse inicialmente un poco obstinado, acabó por someterse a la extraña orden del profeta. «Bajó y se sumergió siete veces en el Jordán». Debido a eso, «su carne se volvió como la carne de un niño, y quedó limpio» (v. 14). ¿Notaste eso? Su carne se volvió como la carne de un «niño». Como la carne de la «niña» que lo envió allí. Las frases hebreas son prácticamente idénticas: ella era una *naará quetanná* y él se volvió como un *náar catón*.

Se produjo una inversión divina. El orgulloso amo fue humillado, rebajado y empequeñecido, de modo que se convirtió en la viva imagen de la humilde y baja muchachita que lo servía. El primero se convirtió en el último; el mayor en el menor. En una tierra que no era la suya, en un río que él consideraba inferior, y haciendo caso de una orden que le parecía insensata, Naamán llegó por fin al lugar donde Dios quería que estuviera desde el principio.

La heroína de esta historia es santa Juana Pérez. Sin embargo, ella no se habría considerado una heroína. Era solo una sierva. Solo actuó como los labios del Señor, que él utilizó en el momento oportuno para decir las palabras adecuadas a un prójimo necesitado. No sabemos cómo se llamaba, pero conocemos el nombre del Dios que la conocía: el Señor que se acordó de recordarla cuando parecía que todo el resto del mundo la había olvidado, y el Señor que, en su misericordia, se acuerda de recordarnos, y de utilizar nuestras vidas y nuestras vocaciones en pequeñas formas para lograr cosas grandes y pequeñas en su mundo.

Fútbol americano, estadísticas y sacramentos

En nuestra casa existe una pacífica rivalidad entre mi hijo de dieciséis años, Luke, que es hincha de los Green Bay Packers, y mi mujer y yo, que alentamos a los Dallas Cowboys. Cuando no juega ninguno de los dos equipos, solemos alentar al más débil. Como todos los mariscales de campo de sillón, criticamos los pases, los bloqueos y las patadas como si nosotros habríamos podido hacerlo mejor, de haber estado en la cancha. Y escuchamos a medias a los locutores profesionales —exjugadores, muchos de ellos— desgranar interminables estadísticas, muchas de las cuales son tan esotéricas que tienes la impresión de haber entrado en la «dimensión desconocida» del fútbol. Cosas como: «De las últimas cinco temporadas, Tom Johnson fue el primer jugador del Draft de la NFL que, durante la prórroga de un partido inaugural de pretemporada, corrió cuarenta yardas para conseguir una anotación tras una intercepción faltando diez segundos para el final del tercer cuarto». Espera, ¿qué?

Al oír una de esas estadísticas este fin de semana, mi hijo se volvió hacia mí y me dijo: «Sabes, papá, es como si tuvieran que inventar estadísticas para todo, para decidir si un jugador es especial o importante». Luke tenía más razón de la que probablemente pensaba. Y no solo en el ámbito del fútbol.

Vivimos, trabajamos e incluso socializamos en una cultura que mantiene estadísticas sobre nosotros —midiéndonos, cuantificándonos, pesándonos, recopilando datos sobre nosotros— a fin de determinar si somos dignos de que se nos conceda alguna importancia o se nos incluya. Todos los sacramentos de la religión estadounidense son de naturaleza numérica. Se nos juzga dignos o indignos en función de nuestro rendimiento y productividad. Las estadísticas nos salvan o nos condenan. Determinan si somos dignos o indignos de estar en un equipo determinado.

En el mejor de los casos, nuestras estadísticas nos justifican. Pero cuando eso ocurre, se nos presiona para seguir creciendo. Para ganar más dinero. Conseguir más clientes. Perder más peso. Comprar una casa en un barrio más acomodado. Y en el peor de los casos, nuestras estadísticas nos condenan. Quizás se nos conceda una oportunidad para redimirnos. O puede que nos echen y nos sustituyan por alguien con más potencial. Así que, aun cuando ganamos, perdemos, porque nunca alcanzamos esa tentadora cuota que asegurará nuestra posición de manera inalterable —y, con ella, nuestra sensación de valía, paz y pertenencia—.

En el reino de los todopoderosos números, donde los primeros son los primeros e incluso el que llega segundo es último, solo recordamos los nombres de quienes son la flor y nata.

En el reino del humilde Cristo, donde los primeros son los últimos y los últimos son los primeros, Dios recuerda incluso los nombres de quienes se hunden hasta el fondo.

Porque, en la Iglesia, ganamos cuando perdemos, se nos humilla para ser exaltados, y recibimos un nombre aun cuando estamos perdidos en el anonimato.

Esta es una verdad que nos cuesta aprender, porque va en contra de todas las pseudoverdades que oímos de parte de la sociedad, de nuestros compañeros de trabajo, y a veces de nuestra propia Iglesia o familia. Sin embargo, la voz más fuerte es la que viene de nuestro interior. El Señor es nuestro Pastor (Sal 23), pero siguen faltándonos cosas. Y una de las cosas que deseamos es separarnos del redil y abrirnos sendas de fama por amor de nuestro nombre. Aunque nuestra ayuda se halla en el nombre del Señor, suponemos que sería útil que nuestro propio nombre fuera conocido, aplaudido y codiciado. Las palabras de Juan el Bautista, a propósito de Jesús: «Es necesario que Él crezca, y que yo disminuya» (Jn 3:30), le declaran la guerra a nuestra arraigada inclinación a autoexaltarnos.

Así que Dios hace con nosotros lo que siempre ha hecho con su pueblo amado: nos crucifica. Martilla nuestro ego contra el madero del sufrimiento. Pone una corona de espinas sobre nuestras cabezas hinchadas. Nos despoja de nuestro ropaje de prepotencia. Y allí, desnudos, moribundos y sangrantes, nos damos cuenta de que no estamos solos en la cruz. Dios mismo está allí, desnudo, moribundo y sangrando junto a nosotros. O, mejor dicho, nosotros estamos en él y él está en nosotros. Está hundiéndonos, con él, hasta las profundidades de la muerte misma. Nos está deshaciendo para poder rehacernos. Muertos y enterrados, sin nombre y desconocidos, en las fosas del olvido con Dios encarnado, descubrimos, como Naamán, que hemos llegado al lugar donde Dios quería que estuviéramos desde el principio.

Aquel general llegó a ser como la niña que lo envió a aquellas aguas. Llegamos a ser como el Cristo que nos crucifica consigo mismo. Nuestras identidades quedan integradas en la suya. Y cuando salimos del Jordán de la tumba, pisamos la tierra seca de la Pascua como nuevas creaciones, con nuestra carne, alma, mente y espíritu a imagen y semejanza del propio Jesús.

En la cancha de Dios, la única estadística que determina cuán especiales o significativos somos es aquella que calcula la obra de Jesús. Sus victorias son las nuestras. Sus trofeos son los nuestros. Él comparte su gloria con nosotros, no como miembros de su equipo, sino como miembros de su propio cuerpo. Todo lo suyo es nuestro, incluido su nombre.

Mi nombre es Chad. Tú tienes tu propio nombre. Pero todos los bautizados en el nombre del Padre y del Hijo y del Espíritu Santo han recibido un nombre mejor: cristiano.

Cristiano: alguien que es de Cristo, está en Cristo, comparte el nombre mismo del Hijo del Padre, ha sido ungido por el Espíritu y es heredero del cielo. Cristiano: alguien cuyo valor e importancia no están en él, sino en aquel cuyo nombre llevamos.

Y al llevar ese nombre, tenemos la seguridad de que, a ojos de nuestro Padre, nunca somos anónimos. No importa si somos el presidente de la nación o un soldador de tuberías, un nadador con medalla de oro o un ama de casa que observa a sus hijos correr bajo el aspersor en un caluroso día de verano. Cada minúsculo detalle de nuestras vidas, y de nuestras vocaciones, hace a Dios bailar de alegría por las obras de sus manos. Es como el padre que se alegra cuando su hijo pequeño aprende a llevarse el puré de patatas a la boca. Nada es demasiado pequeño para que se fije en ello, ni demasiado insignificante para que lo fotografíe y lo enmarque en los pasillos de su memoria. Somos sus hijos, sus cristianos, los obreros de su viña, en la cual se deleita no importando si nuestro balde contiene una uva o mil. Todas nuestras obras, grandes y pequeñas, conocidas y desconocidas, se funden en la perfección cuando se integran en la labor de Jesús.

Cada día, millones de nosotros trabajamos pasando inadvertidos en el pequeño terreno donde Dios nos ha plantado para hacer su obra. Yo conduzco un camión y escribo un poco. Quizá tú enseñes, hagas limpiezas de dientes o pastorees un rebaño. Nadie organizará jamás un desfile en nuestro honor. Servimos, tal como la pequeña Juana Pérez, fuera de los focos, a veces a la sombra de personas grandes como Naamán. Sin embargo, en nosotros hay una luz invisible. Una luz que ha brillado en nuestros corazones para darnos la luz del conocimiento de la gloria de Dios en el rostro de Cristo. El resplandor de esa luz ilumina nuestras vidas de un modo imperceptible para el mundo. En su resplandor vemos las cosas como realmente son, no como parecen.

A los ojos del Padre, nos vemos como reyes y reinas, sacerdotes y sacerdotisas. Según la leyenda griega, todo lo que el rey Midas tocaba se convertía en oro. Según Cristo, todo lo que tocamos, nuestro Padre lo convierte en una obra digna de ser recordada. Él toma diez palabras de una sirvienta y transforma una vida para siempre. Toma diez palabras nuestras, diez pacientes nuestros, diez aulas nuestras, y transforma vidas a su manera, a su tiempo. El Dios que creó todo de la nada sigue utilizando su Palabra para crear lo grande a partir de lo pequeño, una corona a partir de una cruz.

Puede que el Día de Todos los Santos sea el 1 de noviembre, pero lo es también el 5 de enero, el 15 de marzo y cualquier otro día del calendario. Cada día nos acordamos de recordar que nuestro Padre jamás nos olvida. Puede que nos sintamos perdidos en los sinuosos caminos de una vida que parece no tener destino, pero ese es el lugar en que Dios prefiere estar. En Siria, fregando suelos con una joven sirvienta. En México, cosiendo ropa en una fábrica. En Wisconsin, ordeñando vacas en una lechería. En Iowa, llevando la cena del Señor a un anciano confinado en casa. Con aquellos que no reciben ningún reconocimiento, Jesús está entre bastidores haciendo mucho ruido sobre los olvidados del mundo.

En nuestro viaje por la vida, llevamos su nombre a cada paso, por vacilante que sea. En nuestros labios y corazones, marchemos al compás de esta bienaventuranza: «Bienaventurados los anónimos, porque ellos son nombrados en el reino de Dios».

Preguntas de discusión

1. Hablen de algunos ejemplos de personas sin fama y con vocaciones cotidianas que damos por sentadas; que pasan desapercibidas. ¿En qué sentido son cada una de ellas una máscara de Dios? ¿Cómo actúa

Dios a través de ellas? Hablen de sus propias vocaciones. ¿Cómo las utiliza el Señor?

_____

_____

_____

2. Lean Apocalipsis 7:9-10. ¿A quién ve Juan en Apocalipsis 7? ¿Cómo blanquean sus vestiduras (v. 14)? A estas personas se las llama los santos. ¿Son santos todos los cristianos? ¿De qué manera, a veces, ese título da a entender que en la Iglesia hay una jerarquía de santidad?

_____

_____

_____

3. Lean Isaías 49:14-16. Hablen de la soledad y el sentimiento de ser olvidado o pasado por alto. ¿Cómo afecta esto a una persona? ¿Cómo aborda eso Isaías 49? ¿Qué dicen los siguientes versículos sobre la manera en que el Señor recuerda a su pueblo: 1 Samuel 1:19; Salmo 25:6-7; Salmo 106:4?

_____

_____

_____

4. Hablen de cómo el anonimato puede degenerar en temor. ¿De qué manera nuestra cultura de la fama, la influencia de las redes sociales y la mentalidad de «mientras más grande, mejor» avivan las llamas de este miedo? Lean Génesis 11:4. ¿Por qué la gente quiso construir una torre? ¿Cómo respondió Dios a esa torre y a nuestras propias «torres de Babel» actuales?

_____

_____

_____

5. Lean Mateo 10:30 y Salmo 139:15-16. Analicen de qué manera estos versículos describen el conocimiento que nuestro Padre tiene de nosotros. ¿Qué nos dice, acerca de Dios y su amor por nosotros, esa atención divina a los detalles?

_____

_____

_____

6. Lean 1 Tesalonicenses 4:11; Mateo 6:3-4; Filipenses 2:3; Romanos 12:16; y Marcos 9:35. Comparen la perspectiva de todos estos pasajes con los mantras de la sociedad moderna, tales como «Llegar segundo es llegar último», «Hazte notar entre la multitud» o «Sé alguien». ¿De qué manera estos versículos bíblicos nos ayudan a entender la humildad, el sacrificio y el amor?

_____

_____

_____

7. Repasen el relato de Naamán y la joven sirvienta «Juana Pérez» en 2 Reyes 5. Intenten ponerse en el lugar de ella. Contrasten su posición con la de su amo. ¿Cómo utilizó el Señor a esta muchacha anónima? ¿Qué impacto tuvo esto en Naamán? ¿Cómo ilumina esto la influencia que nuestras «pequeñas obras» o «pequeñas vidas» pueden tener en los demás?

_____

_____

_____

8. Hablen de las muchas formas en que los números o las estadísticas se utilizan para medirnos, justificarnos o condenarnos. Cuando intentamos ensalzarnos, ¿cómo responde el Señor? ¿Qué significa que él «nos crucifica» y de qué manera esta es precisamente la forma en que nos une a Cristo y nos asegura que nunca seremos anónimos para él?

7

Una Iglesia poco sexy

Varios centímetros de nieve fresca cubrían el kilómetro de carretera helada e intransitable que llevaba de la casa a la parada del autobús. Los cinco íbamos caminando en fila, dejando sobre la nieve un solo conjunto de huellas enormes, como hechas por un viajero gigante. Bordeamos casas a medio terminar que, ahora abandonadas, parecían sombras esqueléticas en un mundo blanco. Cada vez que mi nariz inspiraba, mis pulmones ardientes sentían cada uno de los -18 grados de aquella mañana dominical de enero.

Siberia estaba a la altura de su reputación.

Tomamos asiento en un autobús sin calefacción, nos sentamos en silencio y recorrimos las calles de Novosibirsk, la tercera ciudad más grande de Rusia. Cerca de un millón y medio de personas llaman a este lugar su hogar. Años antes, una de esas personas había empezado a cuestionar el ateísmo que le habían inculcado desde la infancia. Leyó la Biblia, y se planteó cuestiones fundamentales sobre Dios, sobre sí mismo y sobre el mundo en que vivía. Finalmente, se bautizó. Un pequeño grupo de la universidad se reunió con él para estudiar. El grupo fue creciendo. A mediados de la década de 1990, el líder de esta pequeña misión, Vsevolod Lytkin, se convirtió en su pastor, y ellos, en su rebaño. Algunos años más tarde, incluso pusieron en marcha un pequeño seminario, en el que tuve el privilegio de ser profesor invitado.

El estudiante que iba junto a mí me dio un golpecito en el hombro y señaló por la ventana helada. «Ahí está la iglesia». Levanté la vista y vi un edificio de apartamentos gris, de varios pisos, que parecía el telón de fondo de una película soviética. «¿¿Aquí??», pregunté. Sonrió y asintió.

Una vez adentro, bajamos un tramo de escaleras hasta un húmedo sótano lleno de actividad. Veinte o treinta personas pululaban. Ancianas con gorros de piel. Niños comiendo galletas de jengibre. Hombres barbudos tomando té. Un diácono que hablaba inglés con fluidez me ofreció una silla y me preguntó por mi viaje, la clase que impartía y mi familia en Estados Unidos. Me encontraba al otro lado del mundo, pero estos creyentes me hacían sentir un poco más cerca de casa.

La otra mitad del sótano servía de santuario. Adelante había una mesa rectangular cubierta con un paño enteramente blanco. Sobre ella había un cáliz de plata, un plato pequeño y una Biblia. Detrás, una cruz suspendida en la pared. Un atril de madera a modo de púlpito. Sillas plegables a modo de bancos.

El servicio comenzó. Yo sabía muy poco ruso; lo suficiente para ser cortés y hacer preguntas sencillas. Pero su liturgia hablaba un idioma cuyos ritmos y cadencia yo llevaba en la sangre. Era el mismo patrón básico que siguen las iglesias de todo el mundo. Pregón y respuesta, himnos y salmos, sermón y comida. Palabras extranjeras, pero hablando el lenguaje universal de Jesús que pronunciaba gracia en las vidas de ancianas, niños pequeños, ancianos barbudos y este norteamericano lejos de casa.

Cuando el culto terminó, cada uno volvió a subir ese tramo de escaleras en dirección al mundo, de vuelta a su vida cotidiana. Yo, a mis clases, y otros, a hospitales, cocinas y fábricas. Sin embargo, cada uno se marchó enriquecido por el misterio de un reino encontrado en un lugar decididamente carente de majestad.

Cuando mi período como profesor concluyó, me subí a un avión que me llevó de Novosibirsk a Moscú, de allí a Nueva York y, finalmente, tras 10 000 kilómetros, de regreso a Oklahoma. Hogar, dulce hogar. Aquí, yo era pastor de una pequeña Iglesia en una ciudad sin un solo semáforo.

La iglesia St. Paul había formado parte de esta comunidad rural por cien años. En 1943, un rayo alcanzó el campanario y las llamas se propagaron lentamente de arriba a abajo. Mientras los trozos de madera caían como una lluvia ardiente, un grupo de valientes feligreses entró apresuradamente para sacar los bancos y el altar. Cuatro años después, cuando estos fieles reconstruyeron la iglesia, el antiguo mobiliario encontró un nuevo hogar.

Al día siguiente de mi regreso desde Rusia, caminé las dos cuadras entre la casa parroquial y la iglesia y abrí la puerta del santuario. Me quedé allí por varios minutos, inmóvil en el silencio, empapándome de los olores y las imágenes familiares de aquel lugar sagrado. Al contemplar aquellos bancos y el altar blanco, reflexioné sobre los cien años de predicación, bautizos, cantos y comunión que habían tenido lugar allí. Si las paredes hablaran, qué historias contarían.

En el lapso de unos pocos días, había estado en dos iglesias en dos culturas y continentes diferentes. Aunque estaban a mundos de distancia, las dos asambleas habían nacido del mismo vientre. Hablábamos el mismo idioma de ley y gracia, arrepentimiento y fe, ofrenda y acción de gracias. Los niños rusos aprendían el mismo padrenuestro que mis hijos y yo recitábamos juntos, cada noche, arrodillados junto a la cama. Confesábamos los mismos credos. Ambos contendíamos «por la fe que de una vez para siempre fue entregada a los santos» (Jud 3).

Pero también compartíamos otra cosa. Ninguna de las dos Iglesias era el modelo glamoroso que atrae las miradas del mundo. Éramos más como la fea Lea que como la despampanante Raquel. Espacios sencillos con un encanto de un mundo diferente. Hermosos, sí, pero de una manera en gran medida imperceptible a los ojos. Más profunda, más honda. Una especie de sencillez mística. La gente no se vestía para impresionar, sino para ocultar. Y en ese ocultarse, revelaban la «sabiduría de Dios en misterio, la sabiduría oculta» (1Co 2:7). La clase de sabiduría que se aprende en el aula de la cruz.

Mientras estaba allí, en el santuario, mirando a mi alrededor y pensando en dónde había estado y dónde estaba ahora, repentinamente vinieron a mis labios las antiguas palabras de Jacob. Sonreí, y en medio del silencio pronuncié esta verdad: «¡Cuán imponente es este lugar! Esto no es más que la casa de Dios, y esta es la puerta del cielo» (Gn 28:17).

Campamento santo

El patriarca exclamó aquello una mañana temprano, mientras observaba el lugar de acampada donde había pasado la noche. En apariencia, no era un lugar excepcional. Un trozo de tierra con algunas rocas dispersas, una de las cuales había sido su almohada. Sin embargo, allí había visto lo invisible. Una escalera que cubría la brecha entre la tierra y el cielo. Ángeles de Dios subiendo y bajando los escalones. Y de repente, «el SEÑOR estaba de pie junto a [Jacob]» (v. 13 JPS Tanakh). Le dijo palabras reconfortantes a este hombre en fuga. Confirmó promesas antiguas, y le hizo otras nuevas. Le aseguró: «Yo estoy contigo. Te guardaré por dondequiera que vayas» (v. 15). Cuando Jacob despertó, dijo: «Ciertamente el SEÑOR está en este lugar y yo no lo sabía» (v. 16).

Por supuesto que no lo sabía. Allí no había ni una pizca de lo divino. Ningún letrero de neón que, parpadeando, anunciara: «Hotel de Dios». Solo tierra, rocas y una oscuridad poco prometedora. Donde nadie habría adivinado que Yahvé estaba presente, allí él se reveló a un pecador agotado y necesitado de consuelo. Un joven que no podía ofrecer nada a cambio. Uno que tenía cada vez más esqueletos en su armario. Pero, al mismo tiempo, un pecador que necesitaba urgentemente gracia; el tipo de don inmerecido que cae sobre nuestro regazo mientras no hacemos nada —o de hecho, no podemos hacer nada—.

Dios se paró en la tierra junto a Jacob, reforzó la vacilante confianza de este hijo descarriado y le prometió fidelidad permanente en un lugar que no parecía encerrar esperanza alguna. De hecho, no lucía más prometedor que cierta colina en las afueras de Jerusalén, donde un rabino judío fue atravesado por los clavos romanos. Sin embargo, al igual que allí, aquí se hallaba la puerta del cielo. Aquí se encontraba Betel, la casa de Dios. Qué asombroso era este lugar tan poco asombroso.

Mi casa es su casa

A través de los siglos, los hogares de Dios, desde los sótanos hasta las basílicas, han tenido una cosa en común: la única razón por la que se los llama casa de Dios es porque el Señor llegó en un camión de mudanzas y se instaló. Su presencia, y solo su presencia, las convierte en la dirección terrenal del cielo. Por ejemplo, cuando Moisés y sus artesanos terminaron el tabernáculo, «la gloria del SEÑOR [lo] llenó» (Éx 40:34). Más tarde, el día en que Salomón y sus obreros terminaron el templo, una vez más «la gloria del SEÑOR llenaba la casa del SEÑOR» (1R 8:11). Del mismo modo, cuando la gloria de Dios desocupó el templo contaminado por la idolatría de Israel, dejó de ser la morada divina. Se convirtió en un simple inmueble más destinado al buldócer babilónico (Ez 10:18-19).

Si Dios no está en casa, no es la casa de Dios.

Hoy no es muy diferente. Ciertamente se acabaron los días en que podíamos señalar el código postal y la dirección de un edificio de Jerusalén, y decir: «Esa es la casa de Dios». Hoy, el Hijo del Padre es nuestro tabernáculo encarnado: «El Verbo se hizo carne, y habitó [literalmente, "tabernaculó"] entre nosotros, y vimos Su gloria» (Jn 1:14). Cristo mismo dice que él es el nuevo templo, destruido en la crucifixión y reconstruido en tres días (2:19). Pablo describe nuestros cuerpos como «templo[s] del Espíritu Santo» (1Co 6:19) y Pedro dice que somos como «piedras vivas, [...] edificados como casa espiritual» (1P 2:5). Sin embargo, pese a estas diferencias entre el AT y el NT, la verdad esencial permanece: solo la presencia de Dios proclama: «Esta es la casa de Dios».

Lo que hoy llamamos «casas de Dios» son lugares concretos donde Cristo se siente a gusto para hacer lo que siempre ha hecho. Se despoja de sus vestiduras, coge una toalla y una fuente con agua, y lava los pies que hemos ensuciado andando por caminos de desobediencia. Prepara una comida y nos invita a sentarnos a su mesa. Nos enseña quiénes somos, quién es él, y quiénes llegamos a ser en él. Hace que cantemos, oremos, y le repitamos lo que él nos ha dicho primero.

En otras palabras, Cristo trabaja desde casa. Tal como «no vino para ser servido, sino para servir y para dar Su vida en rescate por muchos», asoma la cabeza por la puerta de la iglesia y grita: «¡Vengan todos! Estoy aquí para servirlos con los frutos del rescate que pagué íntegramente por ustedes» (véase Mt 20:28). Un servicio religioso es lo que los alemanes llaman *Gottesdienst*, el servicio de Dios. No es el servicio nuestro, sino el suyo. Él está allí no solo como Señor, sino como Siervo de sus siervos.

Esto implica también algo más: la casa de Dios es, además, la casa del pecador. *Mi casa es su casa*, dice. Por eso, bajo el techo del Señor encontrarás siempre bastante desorden. En el suelo, sangre de los heridos que llegan arrastrándose tras una semana en los campos de batalla de la adicción, el dolor y la desintegración familiar. En las paredes, arañazos de quienes intentan liberarse de sus demonios interiores. En la alfombra, vómito de mujeres maltratadas y hombres furibundos. Mesas volcadas por luchas internas. Dondequiera que mires, en la Iglesia hay fragmentos de corazones rotos, hilos de lágrimas y las miradas vacías de aquellos hijos de Dios que, en una vida asolada por el hambre de la desesperación, ansían siquiera una pizca de esperanza. Vistamos traje, bluyines, vestido o pantalón corto, todos cuantos entramos por la puerta de la casa de Dios llegamos envueltos en harapos sucios que necesitan ser blanqueados por la sangre del Cordero. En la Iglesia, la limpieza no conduce a la piedad; todo lo que tenemos es suciedad e impiedad. Y, una y otra vez, Jesús nos purifica con su sangre.

Sin duda, esto es reconfortante, pero es también inquietante. En el santuario se observa plenamente cuán vulgar es nuestra fragilidad, mezquindad y maldad. En la pequeña congregación a la que serví, por ejemplo, solo se reunían unas setenta y cinco personas cada mañana de domingo. Entre ellas estaba el alcohólico que, más de una vez, se presentó en una reunión congregacional para maldecir a nuestros administradores por gastar demasiado dinero; dos ancianas que, desde hacía ya tres décadas, seguían enemistadas por sospechas de que un marido había sido infiel; la pareja que llamaba regularmente al 911 para reportar abusos domésticos; el adicto al porno; la divorciada en serie; la propagadora de rumores. La Iglesia de Dios es también la casa de los fracasos humanos.

Aquella diminuta congregación de Oklahoma era un microcosmos de la humanidad fracturada. Un monumento viviente a la manera en que el mal, como con una motosierra, ataca vidas, matrimonios y amistades. Sin embargo, cada domingo, allí estábamos, codo a codo, en el mismo santuario, lavados por la misma pila bautismal, bebiendo de la misma copa, escuchando de la misma Biblia, como miembros del mismo cuerpo de Jesús. A veces, este rebaño podía parecerse más a una manada de lobos sarnosos, pero el Cordero de Dios permanecía en medio de nosotros firme e inamovible, quitando los pecados del mundo —incluidos los nuestros—.

Tanto si la casa de Dios es un subterráneo en Siberia, como si es una casa hecha de tablones en un maizal de Ohio, o la Catedral Nacional de Washington, todas ellas son comunidades elegidas en las que el Espíritu Santo, que vive entre nosotros, pecadores impíos, trabaja con ahínco. De maneras silenciosas, lentas y discretas, nos transforma en la imagen del Hijo del Padre.

Sin embargo, estas formas silenciosas, lentas y discretas resultan ser una de las verdades que más nos cuesta tragar.

El período de la rueda pinchada

Alrededor del primero de diciembre del año pasado, mi pastor subió al púlpito para comenzar un sermón expresamente diseñado para volvernos locos de impaciencia. Acabábamos de entrar en las cuatro semanas del año eclesiástico que constituyen el período de Adviento, pero que yo llamo el Período de la rueda pinchada.

Cuando vamos a toda velocidad por la carretera de nuestras vidas, corriendo de un compromiso a otro y tachando puntos de nuestra lista de tareas pendientes, Dios incrusta un enorme clavo en una de las ruedas. En un instante, la goma vuela. Cojeamos hasta la barrera de seguridad y nos sentamos —varados, frustrados, y probablemente soltando algunas palabras bonitas por este retraso—. Tenemos lugares a los que ir y cosas que hacer, sobre todo en estas semanas previas a la Navidad. Pero ya no vamos rápido a ninguna parte. El mundo sigue zumbando, pero la Iglesia se encuentra inutilizada al borde del camino. Ahora, lo único que podemos hacer es apresurarnos a esperar. Nuestro progreso se halla detenido, y nuestras vidas de conejos avanzan forzadamente a paso de tortuga.

Bienvenidos al pinchazo de Adviento.

Durante unos veinticinco días, la Iglesia del Nuevo Testamento anda un kilómetro con los zapatos del Antiguo Testamento. Adviento significa «venida» o «llegada». Durante este tiempo, somos Abraham y Sara, esperando cien y noventa años, respectivamente, el advenimiento del bebé Isaac. Somos Israel, arrastrando los pies cuarenta años por las arenas del desierto del Sinaí para llegar a la tierra que mana leche y miel. Somos David en fuga, obligado a esperar, año tras año, que Saúl muera para por fin subir al trono que Dios nos ha preparado. No se puede acelerar el Adviento. Lo único que podemos hacer es entrecruzar las manos y jugar con los pulgares. Nuestra rueda se quedó sin aire. Dios nos hace esperar. En aquel sermón dominical, nuestro pastor abrió su Biblia en el primer capítulo de Mateo. Comenzó a leer. «Libro de la genealogía de Jesucristo, hijo de David, hijo de Abraham». Hizo una pausa, miró nuestros rostros perplejos y siguió leyendo. «Abraham fue padre de Isaac, Isaac de Jacob, y Jacob de Judá y de sus hermanos...». Siguió leyendo y leyendo. Versículo tras versículo. Un nombre raro tras otro. Durante lo que pareció una hora, nos sometió a esta interminable, seca y aburrida letanía. En la mitad, me incliné hacia mi mujer y le susurré: «¿Acabará esto algún día?».

Finalmente, lo hizo. Terminó de nombrar la última rama del árbol genealógico de Jesús. Cerró la Biblia. Y cuando empezó a predicar, aprendimos una valiosa lección sobre las formas silenciosas, lentas y sin pretensiones en que nuestro Señor ha trabajado en su Iglesia desde siempre.

Inmediatamente después de que el pecado entrara en nuestro mundo, Dios prometió enviar al Mesías (Gn 3:15). La simiente de la mujer aplastaría la cabeza de la serpiente. Podría haberse pensado, como probablemente Adán y Eva lo hicieron, que Dios haría esto más temprano que tarde. ¿Por qué esperar? De hecho, es posible que Eva haya pensado que su primogénito, Caín, sería este salvador prometido. El hebreo de Génesis 4:1 puede traducirse como: «Y conoció Adán a su mujer, la cual concibió y dio a luz a Caín, diciendo: "He adquirido un varón, el SEÑOR"»[1]. Se equivocó, por supuesto, miserablemente, pues este niño fue cualquier cosa menos el Señor. Creció para ser un asesino, no un mesías. Pero puedo respetar las ansias de Eva; su ferviente esperanza de que Dios acelerara nuestra salvación. Ella y su marido habían convertido nuestro mundo virginal en un desastre. Esperaban que el Señor interviniera de manera rápida y decisiva para hacerlo nuevamente prístino.

Poco sabía esta primera madre que, antes de que Dios cumpliera su promesa, no pasarían solo años, ni décadas, ni aun siglos. Pasarían milenios. El Señor nos haría sentarnos en la sala de espera. Se concebiría un niño, y nacería. ¿Sería este el Mesías? No. Se concebiría otro, y nacería. ¿Sería este el Mesías? Otra vez no. Fulano engendró a fulano engendró a fulano mientras los siglos avanzaron lentamente hacia Belén.

A través del silencioso, lento y discreto proceso de concepción, gestación y cambio de pañales, Dios estaba sometiendo a su pueblo a un calendario sumamente impopular: un calendario lento. «Para el Señor un día es como mil años, y mil años como un día» (2P 3:8). Él «no se tarda en cumplir Su promesa, según algunos entienden la tardanza, sino que es paciente para con ustedes, no queriendo que nadie perezca, sino que todos vengan al arrepentimiento» (v. 9). Me río cada vez que leo: «según algunos entienden la tardanza». Como si realmente alguien pensara que no es tardanza dejar pasar milenios hasta la primera venida de Jesús, y más milenios hasta su segunda venida. ¡Apresúrate, Dios!

Sin embargo, a un Jesús con pies de plomo no lo encontrarás corriendo a toda velocidad por una pista de carreras. Rara vez sale de su velocidad de abuelita. De hecho, pareciera que le fascinan las ruedas pinchadas. Así que si crees que, en su reino, las cosas serán rápidas y locas de un modo que te pondrá la piel de gallina y te emborrachará de adrenalina, te espera el *shock* de tu vida.

La obra de Jesús en nuestras vidas, y en la vida de su Iglesia, avanzará tan lentamente como la genealogía de Mateo. No es radical, explosiva, inmediata, increíble, ni ningún otro adjetivo deslumbrante que puedas encontrar en la *Enciclopedia de la Emoción Espiritual*. No puedes calentar esta comida sagrada en el microondas. Tomará tiempo. Generalmente será monótona. El culto no será una cadena continua de experiencias alucinantes e increíbles que nos harán sentir cosquillas por la estrecha cercanía del Espíritu.

Más que un artista circense provocador de aplausos, Jesús es un jardinero que se toma su tiempo. La novedad no es lo suyo. A menudo queremos que lo sea. De hecho, tal como el demonio Escrutopo alardea en una de sus cartas al tentador novato: «El horror a lo mismo de siempre es una de las pasiones más valiosas que hemos producido en el corazón humano»[2]. Insatisfecho con los ritmos de cambio propios de la vida cotidiana, el «horror a lo mismo de siempre» exige la novedad por la novedad misma. «Sin cambios» llega a ser sinónimo de «estancado»[3].

Cuando imagines la vida en la Iglesia de Cristo, piensa más bien en *adviento*, no en adrenalina. Ciertamente a veces hay subidones emocionales durante el culto. Hojea la Biblia y también allí encontrarás algunos. En el primer Pentecostés cristiano, por ejemplo, cuando el Espíritu descendió en picada y apareció como lenguas de fuego que danzaban sobre las cabezas de los discípulos, la gente se quedó pasmada de asombro. Eso ciertamente fue novedoso.

Pero ¿y el siguiente Día del Señor, cuando no aparecieron lenguas de fuego, sino lenguas humanas normales, que leyeron y hablaron la Palabra del Espíritu? ¿O los domingos siguientes? El Espíritu no se había tomado vacaciones ni había perdido la voz. Estaba allí, haciendo su trabajo ordinario e inmutable. Estaba en casa, entre su gente, trabajando sin prisas, fanfarrias ni accesorios llamativos, para dar los frutos de Jesús a los hambrientos, transformarlos renovando sus mentes, y para pastorear a los pastores mientras estos guiaban a los corderos de Cristo por su Palabra. En aquel momento estaba haciendo lo mismo que sigue haciendo hoy.

La próxima gran cosa vs. las pequeñas cosas de siempre

Cuando estamos continuamente pendientes de la próxima gran cosa que Dios hará en la Iglesia, nos volvemos ciegos a las pequeñas cosas de siempre que ha estado haciendo todo el tiempo. Es una especie de Mesías genealógico. De manera silenciosa y discreta, trabaja en nuestras vidas y congregaciones moviéndonos cuidadosa, lenta y a menudo imperceptiblemente. Es probable que nuestro radar mental ni siquiera detecte sus actos transformadores entre nosotros.

Sutil, no fulgurante: esa es la consigna de la obra santificadora del Espíritu en su Iglesia.

Por ejemplo, en su casa terrenal nos enseña el lenguaje del cielo. Aun en el vientre materno, los niños oyen las voces de sus padres y madres. Al nacer, y a medida que maduran, de bebés a niños, luego a adolescentes y finalmente a adultos, las palabras de sus padres los moldean y los instruyen.

Mi lengua materna es el inglés. No recuerdo haberlo aprendido. Simplemente se convirtió en parte de mí a medida que crecía. A través de la absorción lenta, constante y diaria del inglés, aprendí sus palabras, gramática y estructura. Esta lengua concreta forma mi comprensión del mundo, de mí mismo y de mi prójimo; mi sentido del tiempo, de lo importante y mucho más. Sin embargo, no hubo un gran día emocionante en el que, en un destello de iluminación, absorbí todo el idioma y comencé a hablarlo.

Nuestro Padre nos enseña la lengua del cielo de la misma manera. Pablo exhorta a Timoteo: «Retén la norma de las sanas palabras que has oído de mí» (2Ti 1:13). Había comenzado a aprender esta «norma de las sanas palabras» ya en la infancia, pues «desde la niñez» había conocido «las Sagradas Escrituras» (3:15). Cuando nos reunimos como cuerpo de Cristo, su Palabra resuena a través del santuario en lecturas, oraciones, salmos, himnos, credos y sermones. Y, al igual que los niños, imitamos la forma en que habla nuestro Abba. Le repetimos a él lo que él nos ha dicho primero. Nos enseña a orar: «Padre nuestro que estás en los cielos» (Mt 6:9). Nos enseña a cantar: «El SEÑOR es mi pastor, nada me faltará» (Sal 23:1). Nos enseña a confesar: «Si decimos que no tenemos pecado, nos engañamos a nosotros mismos y la verdad no está en nosotros. Si confesamos nuestros pecados, Él es fiel y justo para perdonarnos los pecados y para limpiarnos de toda maldad» (1Jn 1:8-9). Nos enseña el lenguaje de su mesa: «Esto es Mi cuerpo que es para ustedes [...]. Esta copa es el nuevo pacto en Mi sangre» (1Co 11:24-25).

El santuario se convierte en una gran piscina de las aguas verbales del Espíritu. Nos zambullimos en ellas. Nos empapan por completo. Y con el tiempo, este lenguaje, como todo lenguaje, moldea nuestra visión de Dios, de nosotros mismos y del mundo. Hablando del padrenuestro, Jen Pollock Michel nos insta a «[sumergirnos] en el lenguaje de Jesús» al pronunciar aquellas palabras, de modo que «nuestros corazones vuelvan a alinearse con los propósitos y las prioridades de Dios»[4]. En lugar de conformarnos a este mundo —a su lenguaje de poder, autodeterminación, y a la exigencia narcisista de satisfacción inmediata—, se nos «[transforma] mediante la renovación de [nuestra] mente» (Ro 12:2). El Espíritu nos da «la mente de Cristo» (1Co 2:16).

Utilizando su bisturí, este cirujano divino también extirpa «el corazón de piedra y [nos da] un corazón de carne» (Ez 36:26). Un corazón nuevo que late de nuevos amores. El amor a Dios, el amor al prójimo, el amor que «todo lo sufre, todo lo cree, todo lo espera, todo lo soporta» (1Co 13:7). En su libro *You Are What You Love*, James K. A. Smith explora en profundidad de qué modo, en el culto, el Espíritu recalibra nuestros corazones por medio de «liturgias que moldean el amor» para desear la buena vida que Dios pretende darnos[5]. «Ser humano», escribe, «es ser un animal litúrgico, una criatura cuyos amores son moldeados por nuestro culto»[6]. Por medio del cultivo de hábitos en el culto, Cristo vuelve a moldear nuestros corazones a fin de que se conformen al suyo.

Por supuesto, todo esto no ocurre en un instante. Ocurre lentamente y sin pompa. Ocurre cuando dejamos de insistir en que el Espíritu se apresure y haga algo que cautive nuestra atención. Ocurre cuando se disipa nuestra adicción a la inmediatez. En el vocabulario de nuestro Señor no se encuentra «¡Date prisa!». Él no quiere estimularnos con apasionantes episodios de entretenimiento divino. Mediante pequeños detalles, a través de largos períodos de tiempo, con la paciencia de la eternidad, nos está volviendo a crear, por medio de su Palabra, en su Iglesia, para que salgamos por las puertas del santuario, llevando en nuestros labios el lenguaje de la luz para hablar a un mundo que se ahoga en tinieblas.

La antigua historia

Cuando regresé de mi viaje a Siberia, encontré amontonado sobre mi escritorio todo el correo que se había acumulado durante mi ausencia. Entre todas las cartas y facturas había varios folletos brillantes de diversas organizaciones que ofrecían productos a las congregaciones. Uno prometía: «¡Asista a este seminario para revolucionar su ministerio!». Otro anunciaba: «¡Lea este libro para revitalizar su congregación!».

El subtexto de todos era el mismo: lo que estás haciendo ahora no es suficiente. No es lo suficientemente emocionante. No es lo suficientemente relevante. No es lo suficientemente revolucionario. Ha llegado el momento de renovar y refinar la aburrida imagen de la Iglesia. Lo que esta necesita con urgencia es ser más sexy.

Sin embargo, lo que la Iglesia necesita urgentemente no es el equivalente eclesiástico de una cirugía estética mamaria y una inscripción en el gimnasio. Necesita más neumáticos pinchados. Más sermones genealógicos. Más viajes a sótanos siberianos y peregrinaciones a congregaciones rurales donde, reverberando por el santuario, la buena nueva de Cristo crucificado y resucitado por ti moldea los eventos juveniles, da forma a las escuelas bíblicas de vacaciones e inunda los sermones del pastor. Como escribe Michael Horton: «En la Iglesia de hoy no necesitamos más conferencias, programas y celebridades. Necesitamos más Iglesias donde, día a día, el Espíritu sumerja a los pecadores en Cristo; donde haya una comunión viva de los santos; donde no podamos simplemente saltar a nuestro capítulo favorito o buscar en Google nuestro interés del momento»[7]. Lo que la Iglesia necesita es un regreso audaz y sin disculpas a —lo que el himno llama— «la antigua historia [...] de Cristo y de su amor»[8]. Ese corazón amoroso, palpitante de la misericordia de la crucifixión, es la piedra de toque de cada acción congregacional. Y el evangelio siempre es más que suficiente. Lo es todo.

La Iglesia no necesita algo nuevo; necesita que los antiguos dones se reafirmen, se vuelvan a abrazar y se prediquen como el «poder de Dios para la salvación de todo el que cree» (Ro 1:16): la buena nueva del Dios que no anduvo por ahí como un superhéroe, sino como un hombre corriente, que se juntó con la gentuza inmoral rehuida por los superreligiosos, que declaró a los niños indefensos como los más grandes del reino y que manifestó su gloria en la sangrienta epifanía de la cruz.

La megamegaiglesia

La búsqueda de «más» en el culto —más dramatismo hollywoodense, más experiencias emocionales, más espectáculos de magnitud deportiva— es consecuencia directa de una menor conciencia de lo que realmente ocurre cuando la Iglesia se reúne. En general, hemos olvidado que, cuando la Iglesia se reúne en torno a los dones de Jesús, lo que tenemos es, precisamente, el cielo en la tierra. La base de la escalera de Jacob descansa en medio del santuario de la Iglesia.

Todas las reuniones de la familia de Dios, ya sea que ocurran en una sala de estar, en una choza de barro o en una imponente catedral, tienen algo en común: en ellas, se hallan presentes más fieles de los que se ven. En el boletín dominical de mi congregación hay una cifra de asistencia al culto. No obstante, siempre es errónea; es una gran subestimación. No hay portero que pueda pararse en el balcón y contar a los presentes en el santuario.

Aun en las miniiglesias se oculta la megaiglesia más «mega»: la Iglesia que es una, santa, cristiana y apostólica.

Cuando el Espíritu, sacándonos del ajetreo cotidiano de nuestras vidas de lunes a sábado, nos convoca para reunirnos en torno a púlpitos, altares y aguas bautismales, nos adentramos en una realidad oculta que es más vasta de lo que se pueda imaginar. Lo que, al igual que Jacob, suponemos que es un lugar común, acaba siendo el mismísimo portal del cielo. Porque, allí donde está Jesús, está también toda su Iglesia. Y, donde está Jesús, están también sus ángeles y arcángeles. Y, donde está Jesús, están también el Padre y el Espíritu Santo.

Cuando nuestro Señor abraza a su esposa con misericordia y gracia, todo el cielo se cuela en la fiesta.

Ningún ojo puede ver, ni mente alguna puede percibir, la multitud que se apretuja entre las cuatro paredes de cualquier estructura que albergue a los pecadores a los que Jesús ha venido a servir. En lo alto de las vigas se posan compañías enteras de querubines observando a aquellos a los que deben proteger. Como bandadas de aves, decenas de miles de serafines revolotean alrededor del altar. Los santos que han abandonado este valle de lágrimas, y han entrado en el paraíso con Jesús, lo acompañan a una gran reunión con aquellos que aún transitamos por la vida trabajando y llorando. En todas las iglesias hay personas de pie, tanto si vemos diez como si vemos diez mil. Porque, presente de manera invisible, está la innumerable compañía de ángeles, arcángeles y todos los santos del cielo. Cada domingo es una pequeña muestra de lo que nuestros ojos contemplarán finalmente en la resurrección del último día.

En Apocalipsis, Juan vio esto «en el día del Señor» (Ap 1:10). Contempló «una puerta abierta en el cielo» (4:1). Y tras esa puerta vio lo que nosotros no vemos pero que, sin embargo, está presente: tronos, criaturas vivientes, santos vestidos de blanco; «El Cordero que fue inmolado es digno de recibir el poder, las riquezas, la sabiduría, la fortaleza, el honor, la gloria y la alabanza» (5:12).

Isaías contempló esto en Jerusalén cuando vio «al Señor sentado sobre un trono alto y sublime, y la orla de Su manto llenaba el templo» (Is 6:1). Un coro de serafines de seis alas volaba por el santuario, cantando: «Santo, Santo, Santo, es el SEÑOR de los ejércitos, llena está toda la tierra de Su gloria» (v. 3). Los cimientos temblaron. El humo del incienso nubló la casa. A través del velo terrenal del templo de Jerusalén, Isaías vio la realidad celestial de lo que realmente ocurría en el culto diario de los israelitas.

En el culto, la Iglesia no está haciendo abajo una imitación de lo que sucede arriba. Somos partícipes de lo que ocurre arriba. Todos llegamos tarde a la iglesia. Cuando estacionamos nuestros vehículos y entramos, el servicio ya ha comenzado. Alrededor del trono del Cordero, la alabanza es incesante. Y cuando salimos de la iglesia, el servicio continúa. Durante más o menos una hora,

[Nos hemos] acercado al monte Sión y a la ciudad del Dios vivo, la Jerusalén celestial, y a miríadas de ángeles, a la asamblea general e iglesia de los primogénitos que están inscritos en los cielos, y a Dios, el Juez de todos, y a los espíritus de los justos hechos ya perfectos, y a Jesús, el mediador del nuevo pacto, y a la sangre rociada que habla mejor que la sangre de Abel. (Heb 12:22-24)

Fíjate en que el predicador de Hebreos no dice que nos *acercaremos* a este lugar, sino que nos *hemos acercado* a este lugar. Nos acercamos cada Día del Señor, en congregaciones grandes y pequeñas, rústicas y resplandecientes, en Siberia y en Oklahoma. Todos nos reunimos en la cima del monte Sión.

El desconocimiento de esta realidad oculta engendra una insatisfacción con las cosas sencillas que vemos a nuestro alrededor. Sin embargo, estas cosas sencillas están impregnadas de santidad. La copa del altar está llena de vino fermentado en las venas de Dios. La fuente salpica con el agua derramada por el costado de Jesús, atravesado por la lanza. El púlpito es la boca abierta del Espíritu. Aquellos plomeros, contadores y niños de primer año que nos rodean han sido coronados como reyes y reinas en el reino de Dios. Ese pastor que jamás ha pisado un gimnasio, que no tiene un solo tatuaje, y que cuenta chistes trillados... cuando predica la ley y el evangelio del Señor, y derrama agua bautismal sobre las cabezas de los pecadores, y dice: «Te perdono en el nombre del Padre y del Hijo y del Espíritu Santo», está a la altura de Moisés, Elías y Pablo, es un embajador elegido del Dios todopoderoso.

Estas cosas sencillas, y esta gente sencilla, son las cosas y el pueblo de Dios. Y, como tales, llevan el sencillo ropaje de la cruz sobre la cual Dios hizo su máxima revelación. Lutero nos recuerda: «No son las piedras, ni la construcción, ni la hermosa plata ni el oro lo que hace que una iglesia sea bella y santa»[9]. ¿Qué es, entonces?

Es la Palabra de Dios y la sana predicación. Pues allí donde se elogia ante los hombres la bondad de Dios, y se anima a los corazones a confiar en él y a invocar a Dios en el peligro, allí hay verdaderamente una Iglesia santa. Aunque esté en un rincón oscuro, en una colina pelada o junto a un árbol infructuoso, se la llama verdadera y correctamente casa de Dios y puerta del cielo, aunque no tenga techo, y esté bajo las nubes, a cielo abierto[10].

Dondequiera que nos reunamos con nuestros hermanos y hermanas en Cristo alrededor de su Palabra, ya sea en un lugar tan poco atractivo como un sótano, tan sencillo como una capilla rural o tan remoto como una tienda militar en una zona de guerra, allí está Betel. Allí está Cristo, a nuestro lado. Allí, en sus maneras silenciosas, lentas y discretas, está derramando una gracia anormal en nosotros, personas normales que, en el reino de los cielos, somos realeza.

Preguntas de discusión

1. Este capítulo describió dos Iglesias, una en Siberia y otra en Oklahoma. Aunque externamente eran diferentes, ¿qué tenían en común? Aunque tendemos a centrarnos en las diferencias entre las Iglesias, ¿cuáles son algunas de las verdades, prácticas y tradiciones que tienen en común?

_____

_____

_____

2. Lean Génesis 28:10-22. ¿Por qué Jacob se sorprendió al descubrir que su campamento era la «casa de Dios» y la «puerta del cielo»? ¿En qué se parecen (o no) las Iglesias a ese campamento?

_____

_____

_____

3. Analicen los distintos «hogares» de Dios en la Biblia, desde el tabernáculo, pasando por el templo, hasta Jesús y su Iglesia. Utilicen los siguientes pasajes para trazar la red de conexiones entre los distintos «hogares»: Éxodo 40:34, 1 Reyes 8:11, Juan 1:14, Juan 2:19, 1 Corintios 6:19 y 1 Pedro 2:5.

_____

_____

_____

4. Hablen sobre el significado de un «servicio religioso». El servicio implica alguien que sirve y alguien que es servido. Si pensamos en el culto como, principalmente, el lugar donde Cristo nos sirve, ¿cómo cambia eso nuestra perspectiva de la razón por la que nos reunimos como Iglesia (Mateo 20:28)? Analicen los ejemplos de cómo este servicio es reconfortante pero a la vez inquietante.

_____

_____

_____

5. En la sección «El período de la rueda pinchada» se hace referencia a Mateo 1:1-17. Examina esa genealogía. ¿Qué nos enseña, esa larga lista, sobre los caminos de Dios? ¿Sobre sus promesas? ¿Sobre la velocidad a la que obra? ¿Qué es «el horror a lo mismo de siempre» y cómo se manifiesta en las vidas de ustedes y en la de la Iglesia?

_____

_____

_____

6. ¿Qué se entiende por la «lengua del cielo» y cómo se enseña esta lengua en casa y en la iglesia? ¿Cómo contribuyen a la discusión los versículos en Mateo 6:9-13, Hechos 2:42, y 2 Timoteo 3:14-17?

_____

_____

_____

7. ¿Qué distrae a la Iglesia de centrarse en «la antigua historia [...] de Cristo y de su amor»? ¿Cómo podemos volver a —o permanecer en— el enfoque principal de mantener a Cristo y su evangelio al frente y al centro?

_____

_____

_____

8. Lean Hebreos 12:22-24. Hablen de cómo esta es una descripción de lo que ocurre cada vez que la Iglesia se reúne para el culto. ¿Qué nos enseña sobre las realidades invisibles que rodean al pueblo de Dios en adoración? ¿Cómo enriquece esto nuestra comprensión de lo que ocurre el domingo?

_____

_____

_____

8

Aprender sobre Dios en el aula del diablo

Estábamos arrancando tejuelas deterioradas y contrachapado podrido del tejado de una fábrica de papel en el norte de Indiana. El sol de julio nos bronceaba. Yo era estudiante de seminario y ganaba algo de dinero durante las vacaciones de verano. Mark era el jefe del equipo de techado. Era un tipo pequeño cuya familia había sido expulsada de una comunidad *amish* en los años 80 por tener un radiocasete. Al menos esa era la historia que él contaba. Todos los días, él y yo, más un gigante apodado Comadreja y un fumador empedernido llamado Keith, subíamos por la escalera y nos deslomábamos para ganar dinero.

Mark fue mi profesor aquel verano. Me enseñó a colocar tejas rectas como haces de luz, a sellar las bases de las chimeneas para evitar las filtraciones y a utilizar la pistola de clavos como un profesional. En nuestras conversaciones diarias también me contaba historias de cómo había sido vivir en comunidad con un pueblo que aún se trasladaba en calesa y araba sus campos utilizando caballos. Un antiguo maestro *amish* instruyó a este futuro pastor luterano en el fino arte de mantener a los ocupantes de una casa secos y cómodos, así como en la vida al interior de un hogar que carecía de la mayoría de las comodidades que nosotros damos por sentadas.

Un par de veranos antes, estuve trabajando en el taller de carpintería del departamento de mantenimiento de una universidad en Austin, Texas. A mi lado se sentaba Fred, un hombre en silla de ruedas. Años antes, un accidente de moto lo había dejado paralizado de la cintura para abajo. Sin embargo, su espíritu distaba mucho de hallarse incapacitado. Era uno de esos escasos hombres que siempre llegaban al trabajo —aun los lunes— con una sonrisa en la cara. Cuando no estaba serrando madera, tocaba la guitarra. De hecho, su talento musical era tan extraordinario que incluso fue reconocido por la legendaria estrella de música country

George Strait, que incluyó una canción de Fred en uno de sus muchos discos de platino[1].

Aquel verano, Fred fue mi profesor. Me enseñó a realizar diversos cortes con una sierra circular, me guió en la reconstrucción completa de un destartalado escritorio de oficina y me introdujo en el intrincado arte de elaborar uniones de cola de milano. En esta aula nublada de aserrín adquirí habilidades que, en los últimos veinticinco años, he utilizado para construir de todo, desde estanterías hasta una despensa para la cocina de mi madre. Este hombre musical en silla de ruedas continúa en mi memoria. No solo me enseñó a trabajar con madera, sino también con la vida, sobre todo cuando la que conoces cambia radicalmente.

Supongo que la mayoría de nosotros hemos tenido algunos maestros fuera de lo común. Hombres y mujeres de talento con historias que los distinguen. Guían nuestras manos y dan forma a nuestras perspectivas, transmitiendo habilidades que a menudo van más allá de lo práctico. Mark, el techador, me introdujo en la ética del mundo *amish* que él había dejado atrás. Fred, el carpintero, me presentó una vida alegremente vivida entregado a una cruz que él no eligió.

A lo largo de los años, entre los veinte y los treinta, tuve muchos otros maestros. Me senté a los pies de mentes académicas brillantes. Un licenciado del MIT me guió por los laberínticos caminos del sistema verbal hebreo. Aprendí a nadar en el mar del Talmud con rabinos del Hebrew Union College. Otros me sumergieron en los argumentos filosóficos y teológicos de todos, desde Filón hasta Lutero, pasando por Kant y Barth. Al terminar mis estudios, ya tenía tres maestrías en mi haber. Y acabé tan enamorado de la academia que yo mismo pasé a formar parte de ella como profesor de hebreo y Antiguo Testamento.

De todos estos maestros judíos y cristianos aprendí mucho sobre Dios. De hecho, podría decirse que aprendí demasiado.

Antes de mi último año universitario, viajé con una clase de biología de la universidad al Gran Cañón. Recorrimos a pie los 11 kilómetros de senderos serpenteantes que descienden desde el borde hasta el fondo del cañón. Una vez allí, montamos nuestras tiendas junto al arroyo Bright Angel. Un hermoso paraíso escondido. A ambos lados de estas aguas fluyentes crece una vegetación exuberante. Sin embargo, si te alejas unos metros del arroyo, cruzas un umbral invisible hacia el árido polvo del desierto, donde solo crecen cactus. Hay dos ecosistemas, uno al lado del otro. Uno lleno, y el otro vacío. Uno húmedo, y el otro seco como un hueso.

Ese era yo en la academia. Un hombre que albergaba dos ecosistemas interiores. Los ríos teológicos fluían solo por los hemisferios de mi cerebro, dejando mi corazón y mi vida tan secos como la tierra del Gran Cañón. Había levantado un dique entre mi cerebro y el resto de mí. Aprendí mucho sobre Dios; demasiado, porque solo eran cosas cerebrales. Me había transformado en un aparato de radio teológico. Un religioso profesional.

Al ver mi estado, nuestro Padre supo que su hijo descarriado necesitaba un nuevo tipo de maestro. Un profesor inusual. Así que envió a mi vida a un experto en explosivos. Uno que puso dinamita en la base de mi dique cerebral. La explosión liberó aguas teológicas y bíblicas que inundaron las regiones áridas de mi cuerpo y mi vida. Sin que yo lo supiera, el Señor me había inscrito en la escuela de este instructor.

Como tantos otros, a lo largo de los siglos, incluidos muchos del antiguo Israel, me convertí en alumno del aula del diablo.

José: Cuando los sueños se convierten en pesadillas

Garabateadas en uno de los viejos pupitres de esta aula, descubrirás, apenas visibles, las palabras «José estuvo aquí». No por cuatro años, ni por ocho, sino por trece años, este hijo predilecto de Jacob estuvo matriculado en la academia del sufrimiento. Entre los diecisiete y los treinta años, José descubrió que la teología se aprende no solo en los libros, sino también mediante pozos secos, dormitorios lujuriosos, celdas oscuras, hermanos traicioneros y amigos que rompen promesas; a través de personas y lugares que al diablo le gusta utilizar.

En algún momento de nuestra peregrinación por este mundo, caminamos uno o dos kilómetros en los zapatos de José. A veces muchos más. Nuestras vidas se desfondan. Podemos sufrir la pérdida de un trabajo o de una carrera, la destrucción de un matrimonio, el entierro de un hijo, o un accidente paralizante, como el de mi amigo Fred. O puede ocurrir de manera lenta, casi imperceptible. Un día despertamos y nos damos cuenta de que hemos dejado marchitar todos nuestros amores. Detestamos ir a trabajar. Detestamos mirarnos al espejo. Detestamos todo. O nos sentimos tan agotados que ni siquiera podemos acumular odio. Simplemente existimos. Somos una burbuja de humanidad sin sentido que se disipa en dirección a la tumba. Nos preguntamos por qué Dios perdió el tiempo creándonos.

¿Qué miedos, remordimientos y ansiedades lisiaron a José durante aquellos trece años? Sus hermanos lo vendieron como esclavo por una miseria; la esposa de su amo, despechada, lo acusó falsamente de intentar acostarse con ella; y su compañero de condena, al quedar libre, «olvidó» convenientemente devolverle un favor. Cuando José era adolescente, Dios había llenado sus sueños con imágenes de grandeza. Su padre, su madre y sus hermanos aparecían inclinados ante él. Sin embargo, ahora estaba sentado en el suelo, encorvado por el peso de años desperdiciados y sueños oxidados.

Un salmo sobre José dice: «Le sujetaron los pies con grilletes, entre hierros le aprisionaron el cuello» (Sal 105:18 NVI). En vez de la música de la libertad, a cada paso se oía el ruido de los grilletes. La piel de su cuello rozaba el collar de hierro en carne viva. Y, mientras todo esto ocurría, ¿dónde estabas, Dios? ¿Qué fue del todopoderoso dador de sueños de su juventud? ¿Había sido todo un malicioso fantasma de su imaginación juvenil? ¿Envolviste a José como a un trozo de basura y lo arrojaste al vertedero egipcio?

Cuando eres alumno en el aula del diablo, tales interrogatorios suben al cielo como bilis desde la boca del estómago. Olvidas la educada formalidad de la oración que aprendiste en la escuela dominical. Te paras frente a la puerta del consejo secreto de Dios y golpeas la madera con el puño ensangrentado, exigiendo entrar, exigiendo respuestas, y exigiendo que Dios se siente contigo cara a cara y se explique. Pero el único sonido que llega a tus oídos es el rugido del silencio. Puedes gritarle al cielo tantas plegarias como desees. Todas rebotan y resuenan en la tierra.

No se suponía que la vida de José habría de desarrollarse así. Y tampoco se supone que deba hacerlo la nuestra. ¿Dónde está la supuesta vida cristiana victoriosa? ¿Dónde está toda la gloria? Algo ha ido terriblemente mal. Este Dios no se ajusta a la caja del cristianismo feliz, glorioso y sonriente, tan popular en muchos púlpitos de hoy.

Al sentarnos junto a José en su celda, el Señor luce duro, mezquino y gélido. Como si en su corazón flotaran trozos de hielo ártico. Como si no le importara si estamos vivos o muertos, sanos o enfermos. Más que parecer un Padre de gracia y misericordia, Dios luce como ese tío lejano del que hemos oído historias horribles.

Por fin llegó el día en que José fue sacado de la tumba de la prisión, se duchó, se afeitó y se presentó ante el Faraón. Pasó de ser un prisionero a ser un potentado elevado a la mano derecha del rey. Esa fue su Pascua personal. El día de la resurrección tras un Viernes Santo de trece años.

El salmo continúa: «Hasta que su predicción se cumplió; la palabra del Señor lo puso a prueba» (v. 19). *Hasta que.* Ahora las cosas comienzan a tener algo de sentido. Dios estaba poniendo a prueba a José hasta que llegara su hora. Estaba transformando al joven soñador en un hombre maduro, curtido por el sufrimiento y hecho sabio por el dolor a fin de que pudiera «enseñar a sus ancianos sabiduría» (v. 22 RVR1995).

José se graduó en el aula del diablo con un doctorado en teología de la cruz. Aprendió —y aún nos enseña— que la vida espiritual no consiste en nuestra propia fuerza interior, sino en el poder exterior de Dios. Que no debemos mirarnos a nosotros mismos, sino a Aquel que ha prometido permanecer con nosotros, aunque parezca estar a galaxias de distancia.

José llegó a darse cuenta de una de las verdades más importantes sobre Dios: la verdad no es dictada por nuestras circunstancias externas, ni por nuestras emociones o ansiedades, sino solo por la Palabra de Dios. Y esa Palabra promete que el Señor, que parece tan distante, en realidad se sienta junto a nosotros en nuestras prisiones, yace con nosotros en nuestras camas de hospital y se arrodilla con nosotros en la tierra junto a las tumbas de nuestros hijos. Lejos de abandonarnos mientras llevamos nuestras cruces, nos aprieta cada vez más contra su propia carne y sangre crucificadas, injertándonos en su piel y uniéndonos a sí mismo para que nuestras identidades queden integradas en la suya. Nunca estamos más cerca de Dios que cuando lo sentimos más lejano.

Las clases del diablo sobre la libertad, el placer y la independencia

En una de sus charlas de sobremesa, Martín Lutero dijo:

> No aprendí mi teología de una sola vez, sino que tuve que buscarla permanentemente profundizando cada vez más. Mis tentaciones me ayudaron, pues nadie puede comprender la Sagrada Escritura sin práctica ni tentaciones. Esto es lo que los fanáticos y las sectas no tienen. *No tienen al crítico adecuado, el diablo, que es el mejor maestro de teología.* Si no tenemos esa clase de demonio, entonces no llegamos a ser más que teólogos especulativos, dando vueltas en nuestros propios pensamientos y especulando únicamente desde la razón si las cosas deben ser así o asá[2].

El diablo se convirtió en mi maestro de teología cuando yo mismo era un maestro de teología. Sin embargo, me había convertido en uno de esos necios contra los que arremete Lutero: un teólogo especulativo, que anda por ahí enamorado de sus propios pensamientos. Y la órbita de mis propios pensamientos giraba cada vez más en torno al sol de mi ego. Mis trofeos. Mis reconocimientos. Y mis deseos carnales. He relatado todo el viaje en mi libro *Night Driving: Notes from a Prodigal Soul*[3]. Me desplomé en la cuneta de la lujuria y la infidelidad. Destrocé mi matrimonio, mi trabajo, mi carrera y mi reputación. Di un paso adelante, contrayendo precipitadamente un segundo matrimonio, y luego dos pasos atrás, divorciándome. Me encontré odiando a Dios, maldiciendo su existencia misma, y deseando —incluso orando, con los dientes apretados— que enviara un rayo que convirtiera mi ya insignificante vida en cenizas.

En aquel momento no lo sabía, pero Cristo había obligado al diablo a ser mi maestro. Este fue la herramienta de Dios para enseñarme lo que ocurre cuando se hace mi voluntad. Tomé el curso Introducción a la Libertad, impartido por Satanás. Y allí aprendí cuán gruesos eran los muros de las prisiones de perversión que construí para mí. En su clase sobre el Placer, aprendí a beber mis lágrimas, lamer mis heridas y abrir regalos bellamente envueltos pero llenos de nada más que vapor y humo. Y por varios semestres asistí a su curso sobre la Independencia, donde me mostró que era esclavo de una voluntad corrupta, de deseos bajos, y que toda intención de los pensamientos de mi corazón era solo hacer siempre el mal (Gn 6:5). Acumulé un crédito tras otro en esta universidad de la iniquidad. Fracasar era la única calificación que permitía aprobar. Cada semestre me hacía descender más, hasta que mi endurecido corazón tocó fondo y se hizo pedazos. Cuando me vi reducido a la nada y confesé ser un cadáver andante, solo entonces estuve preparado para graduarme.

Cuando dejas el aula del diablo, no atraviesas un escenario para recibir tu diploma con el pecho hinchado, la autoestima renovada y un rostro radiante. Te sacan en un ataúd. Entonces, y solo entonces, eres material apto para la obra de nuestro Señor. Tienes que morir a ti mismo para resucitar en Jesús.

¿Cuenta tus bendiciones o tus cruces?

En la Iglesia bautista de mi juventud, uno de nuestros himnos predilectos era «Cuenta tus bendiciones». Cuando las tempestades de la vida te zarandeen, dice el poeta, cuando todo parezca perdido y la carga de tu cruz parezca demasiado difícil de llevar, entonces:

Cuenta tus bendiciones, nómbralas una por una;
Cuenta tus bendiciones, mira lo que Dios ha hecho;
Cuenta tus bendiciones, nómbralas una por una,
Cuenta tus muchas bendiciones, mira lo que Dios ha hecho[4].

Con los años, me di cuenta de que contar las bendiciones no es tan fácil como coger lápiz y papel y hacer una lista. Sin duda, podemos enumerar con seguridad muchos buenos regalos en nuestras vidas: cónyuges, hijos, amigos. Pero si lleváramos un álbum de recortes espiritual titulado «Bendiciones de Dios», hay muchas fotos de la vida que nos negaríamos a pegar.

Nuestra típica prueba de fuego para determinar si algo es una bendición es la siguiente: ¿nos hace felices? Si nos hace sonreír, es una bendición. Si nos hace la vida un poco más fácil, o nos hace subir en la escala social o simplemente hace que nos sintamos mejor con nosotros mismos, entonces se califica de bendición.

Por el contrario, si algo multiplica los problemas en nuestra vida, nos hace dudar de nuestra capacidad para mantener el control de una situación, mancha nuestra reputación, aumenta nuestro estrés o, en general, hace que nos sintamos peor con nosotros mismos, entonces no es una bendición. Puede que no lo califiquemos de maldición, pero desde luego no es algo de lo que presumiríamos en Facebook.

Sin embargo, si algo hemos aprendido en estos capítulos es que las bendiciones de nuestro Padre no son tan fáciles de ver como un paquete brillantemente envuelto y puesto bajo el árbol de Navidad. A menudo están envueltas en papel kraft bajo el madero ensangrentado de la cruz. A menudo no parecen buenas en absoluto, sino gravosas, quizás incluso frustrantes. Tales «bendiciones» se ven como un puente quemado en la autopista que lleva a nuestra felicidad personal.

Una verdad inestimable aprendida en el aula del diablo es que las pruebas y las tentaciones, las cargas y las pérdidas, son el lugar donde Dios está más activo para traer su gracia a nuestras vidas. Contar tus bendiciones incluye contar tus cruces, pues Cristo se oculta en el sufrimiento para conducirnos a las bendiciones que desea para nosotros.

José contempló esta verdad con la claridad que solo proporciona la visión pospascual. Dijo a sus hermanos: «Ustedes pensaron hacerme mal, pero Dios lo cambió en bien para que sucediera como vemos hoy, y se preservara la vida de mucha gente» (Gn 50:20). En mi propia experiencia, llegué a darme cuenta de que pensé hacerme mal a mí mismo, pero Dios me dejó caer en la rebelión y, finalmente, en la tumba de la derrota, para que volviera a la vida.

El Señor no busca que nos demos cuenta de cuán buenos somos, ni que aprovechemos alguna fuerza interior. Quiere que confesemos que, desde nuestra concepción, somos unos rebeldes que se miran el ombligo, se preocupan de sí mismos y aspiran a ser el número uno (Sal 51:5). Dios nos pide que, en vez de mirar dentro de nosotros para ver la chispa de la verdadera grandeza, miremos nuestros corazones y nos demos cuenta de que son ataúdes cardíacos, «más engañoso[s] que todo [...], y sin remedio» (Jer 17:9). Que aun nuestras obras resplandecientes, los actos religiosos que consideramos dignos de una placa en el muro del cielo, son la justicia que Isaías califica de «trapo de inmundicia» (Is 64:6). No necesitamos charlas motivacionales del Espíritu ni libros de autoayuda que prediquen el falso evangelio de «Dios ayuda a los que se ayudan». Necesitamos morir a nosotros mismos, desangrarnos en la tumba con Cristo y levantarnos para vivir una nueva vida en su resurrección.

Lo que no te mata solo impide que tenga lugar la Pascua.

Nos resistimos a todo esto, por supuesto, porque todos queremos una vida libre de preocupaciones y cruces. Así que el Señor está constantemente revisando los motores de nuestros corazones y mentes. El Espíritu nos da ojos nuevos para ver que la obra divina a menudo luce como obra del diablo. Porque a menudo son la misma cosa. El diablo no es un agente libre, capaz de sembrar el caos en todo el mundo a su antojo. Tal como el pecado y la muerte, el diablo está bajo el control de Dios. No puede tocar ni un pelo de nuestra cabeza sin que el Señor lo apruebe. Por eso Cristo lo utiliza —como puede utilizar cualquier mal— para el bien. Cuando esto ocurre, no muchos se dan cuenta. Somos demasiado cortos de vista. Pero no hay problema. Tenemos un Señor de vista larga que dirige la escuela en la que enseña el diablo. Y sus alumnos son muchos, incluyendo cierto hombre fuerte-débil de la época de los jueces de Israel.

Sansón: El hombre más débil y más fuerte

Sansón era el más fuerte de los hombres. Cuando un león lo atacó, «despedazó [al león] como se despedaza un cabrito» (Jue 14:6). Asoló a mil filisteos con la quijada de un asno (15:15). Arrancó las puertas de una ciudad desde sus cimientos, las levantó, y las subió a lo alto de una colina (16:3). Si en el mundo antiguo hubiera existido la competición «El hombre más fuerte del mundo», habría retenido la corona por años. Sin embargo, su fuerza no residía en sus bíceps, sino que era un don de Dios, otorgado por el poder del Espíritu.

Y Sansón era el más débil de los hombres. Vivió en una época en la que «Cada uno hacía lo que le parecía bien ante sus propios ojos» (17:6). En ese sentido, Sansón no parecía distinguirse mucho de sus contemporáneos. Cuando no andaba derramando sangre ni quemando cosechas, perseguía faldas. Muchas. Dijo que quería casarse con una filistea «porque ella me agrada» (14:3). Pagó los servicios de una prostituta en la ciudad de Gaza (16:1-3). Y luego llegó su conocida amante, Dalila, que con sus palabras mentirosas y sus afiladas tijeras acabó por doblegar a Sansón (vv. 4-22). Los filisteos lo capturaron, le sacaron los ojos y se lo llevaron encadenado.

El que había sido la testosterona personificada era ahora la mera sombra de un esclavo sin pelo ni ojos. Nada que pudiera infundir terror en el corazón de sus enemigos. Estaba arruinado. Era el hazmerreír de los filisteos. Objeto de juego y de burla para los enemigos de Dios. A lo largo de su vida, Sansón había estudiado intermitentemente en el aula del diablo. Pero ahora, 24/7, se encontraba allí leyendo, como en Braille, textos sobre la humildad y el arrepentimiento.

Puede que nos cueste vernos reflejados en Sansón, pero espiritualmente nos parecemos a él más de lo que creemos —o, quizás, de lo que queremos admitir—. Nos encontramos destrozados por nuestros fracasos, buscando a tientas la felicidad en los lugares equivocados, coqueteando con la desesperanza, y muchos de nosotros encarcelados en mazmorras de adicción. Todos hemos estado ahí, o probablemente lo estaremos en algún momento de nuestras vidas. Y aunque tengamos la suerte de librarnos de lo peor, podría no ser así con algún ser querido. Nuestro padre, nuestra madre, nuestro cónyuge, nuestro hijo o nuestro amigo íntimo serán ese Sansón. Y se nos llamará a amarlos llevando sus cargas con ellos —sufriendo con ellos—.

Cuando eso ocurre, en los momentos más difíciles de la vida, necesitamos algo más que la superficial autoayuda espiritual que suele disfrazarse de fe bíblica. No necesitamos un mensaje que diga: «Sé optimista, céntrate en tu poder personal, nombra y reclama ahora una vida mejor, encuentra en tu interior la fuerza para vencer». Necesitamos más que un porrista divino que nos aliente a gritos desde la valla del sufrimiento; que nos diga: «Tú puedes. Creo en ti. ¡Puedes hacerlo!».

Necesitamos una gracia que invada nuestra vida desde afuera; que inunde las tumbas de vitalidad, y la desesperación, de esperanza. Necesitamos al Salvador que se introduce con nosotros en la fosa, y que, estando rotos y sangrantes, nos coge en sus brazos para llevarnos a casa —a la casa de su Padre—. En la pérdida de todo, encontramos al Dios de toda gracia, que nos da todas las cosas en su Hijo. Nos da a aquel en quien «toda la plenitud de la Deidad reside corporalmente» (Col 2:9). Aquel que, en ese mismo cuerpo divino, fue quebrantado por nosotros en la cruz.

Eso hizo con nuestro amigo Sansón, que solo logró su mayor victoria una vez que la cruz del sufrimiento lo debilitó. Mientras tres mil filisteos se entretenían burlándose de él, Sansón derribó el lugar. Hizo una última oración, derribó los pilares del templo de los ídolos y enterró bajo los escombros a más enemigos de los que había matado en toda su vida (Jue 16:30). Hebreos incluye a Sansón entre aquellos que, por la fe, «Siendo débiles, fueron hechos fuertes» (Heb 11:34). Finalmente vacío de sí mismo, fue el receptáculo ideal para la fuerza del Señor. Habiendo estudiado en el aula del diablo, y pasando la más extrema de las pruebas, se graduó *magna cum laude.*

Cristianismo incómodo

Para el resto de nosotros, la escuela sigue funcionando. Las tentaciones aumentan y disminuyen, pero nunca desaparecen. El peso de nuestras cruces varía cada año, y a veces cada día, pero todos los cristianos caminamos con algún madero atravesado sobre la espalda. «Si alguien quiere venir en pos de Mí, niéguese a sí mismo, tome su cruz y que Me siga» (Mt 16:24). Y continúa: «Porque el que quiera salvar su vida, la perderá; pero el que pierda su vida por causa de Mí, la hallará» (v. 25). Jesús ha venido a salvarnos, sin duda, y parte de ese trabajo consiste en salvarnos de nosotros mismos.

C. S. Lewis escribió: «No acudí a la religión para ser feliz. Siempre supe que lograría eso con una botella de Oporto. Si quieres una religión que te haga sentir realmente cómodo, ciertamente no te recomiendo el cristianismo»[5]. Esa es una de las razones por las que acabamos teniendo al diablo como maestro. Para hacernos sentir incómodos. No para aprender lo malo, sino para descubrir cuánto mal hay ya en nosotros. Para que nos demos cuenta de lo mucho que nos esforzamos por salvar nuestras vidas y nuestros amores egoístas de la tumba a la que pertenecen.

Nuestro enemigo de abajo nos enseña de un modo que solo los enemigos pueden hacerlo. El salmista lo sabía bien: «Antes que fuera afligido, yo me descarrié, pero ahora guardo Tu palabra» (Sal 119:67). Y otra vez: «Bueno es para mí ser afligido, para que aprenda Tus estatutos» (v. 71). Mientras no sintamos las flechas encendidas del tentador, queramos desesperadamente salvarnos y contemplemos atónitos el horror de lo que somos capaces de hacer, aún tendremos mucho que aprender.

Y lo que es más importante, en esta clase descubrimos que el diablo nos enseña en contra de su voluntad. Debe cumplir la voluntad del Señor, no la suya. En definitiva, aprendemos a burlarnos del profesor. Aprendemos a decir, cuando él nos echa en cara nuestros pecados: «Sí, gracias por recordármelo. Pero ahora yo debo recordarte que mi Señor sangró y murió por ese pecado. Ya no existe. Fue enterrado con Jesús, pero —a diferencia de él— nunca volvió a ver la luz del día».

En esta sala de clases ocurre algo extraño: cuanto más débiles llegamos a ser en nosotros mismos, más fuertes nos hacemos en Cristo. Cuanto menos pensamos en nosotros, más amor sentimos por los demás. Cuanto más conscientes somos de nuestra propensión a la inmoralidad, mayor compasión sentimos por quienes han sido sorprendidos en adulterio, robando, mintiendo y asesinando. Porque no vemos en ellos más que un reflejo de nosotros mismos, y porque los vemos a través de los ojos de Jesús —como aquellos por los que murió—.

Cristo no vino para hacer de nosotros personas cómodas, felices y con éxito. Vino para conformarnos a sí mismo conformándonos a su cruz. Vino para arrancar de nosotros las mentiras a las que nos aferramos, y mostrarnos que el verdadero consuelo, la verdadera alegría, y el verdadero amor, solo se encuentran en Aquel que nos hizo para sí. Pero no tiene prisa. Está con nosotros a largo plazo. Y pasaremos parte de ese tiempo en el aula del diablo, soportando diversas pérdidas y batallas que preferiríamos evitar. Sin embargo:

No desfallecemos, antes bien, aunque nuestro hombre exterior va decayendo, sin embargo nuestro hombre interior se renueva de día en día. Pues esta aflicción leve y pasajera nos produce un eterno peso de gloria que sobrepasa toda comparación, al no poner nuestra vista en las cosas que se ven, sino en las que no se ven. Porque las cosas que se ven son temporales, pero las que no se ven son eternas. (2Co 4:16-18)

Preguntas de discusión

1. ¿Qué se entiende por «religioso profesional»? ¿Cómo y por qué le ocurre esto, a veces, a la gente? ¿Están de acuerdo o no con la siguiente afirmación? «Dios no es una materia que haya que estudiar, sino el Señor al que hay que adorar». ¿Por qué?

   _____

   _____

   _____

2. Repasen la vida, los sufrimientos y el ascenso final de José, según Génesis 37-50. ¿Cómo interpreta estos acontecimientos Salmo 105:16-22? ¿Qué verdades podemos aprender de las experiencias de José —y aplicar a las nuestras— en relación con el sufrimiento, la ausencia/presencia de Dios y la fiabilidad (o baja fiabilidad) de nuestras emociones?

   _____

   _____

   _____

3. En la cita de Martín Lutero, dice que el diablo es «el mejor maestro de teología». ¿Qué quiere decir? Al leer el resumen de la caída de Chad, ¿qué pensaron sobre el aula del diablo? ¿De qué manera Lucas 18:9-14 arroja luz sobre esta afirmación: «Debes morir a ti mismo para resucitar en Jesús»?

   _____

   _____

   _____

4. ¿Cuáles son algunas de las mayores bendiciones de sus vidas? ¿Hay algo negativo o doloroso en esa lista? ¿Por qué las bendiciones del Señor no son tan fáciles de detectar? Consulten Génesis 50:15-21 y Hechos 2:22-24 para orientarse.

   _____

   _____

   _____

5. ¿En qué sentido Sansón fue simultáneamente el hombre más fuerte y el más débil? Lean Jueces 16:21-31 y Hebreos 11:32-34. ¿Qué

hizo Sansón al final de su vida y cómo fue un hombre de fe? ¿Ves en Sansón algo de ti mismo? ¿Por qué la espiritualidad de autoayuda y las charlas motivacionales nunca son suficientes para ayudarnos de verdad?

_____

_____

_____

6. Lean Mateo 16:24-25. Reflexionen sobre cada una de estas tres frases: «niéguese a sí mismo», «tome su cruz», «que me siga». ¿Qué significan? ¿De qué manera en Jesús se pierde la vida y, por lo tanto, se la encuentra?

_____

_____

_____

7. Lean Salmo 119:67 y 71. ¿Qué aprendemos, en la aflicción, sobre nosotros y sobre Dios? ¿Qué aprendemos sobre la maldad humana y la gracia divina? Si Jesús no vino para que estuviéramos cómodos, ¿qué vino a hacer de nosotros? ¿De qué manera 2 Corintios 4:16-18 nos da esperanza mientras estamos matriculados en el «aula del diablo»?

_____

_____

_____

9

Vida en la sangre

Con la paciencia y la habilidad de un cirujano, sujetó la afilada navaja entre el pulgar y el índice y comenzó a cortar un pequeño cuadrado de la página impresa. No podía precipitarse. Esto tomaría tiempo. Pero era un hombre cuidadoso, metódico tanto en sus planes como en la ejecución de ellos. Un corte hacia abajo, otro hacia el lado, otro hacia abajo, y otro hacia el lado. Se inclinó para inspeccionar los bordes. Lo había hecho bien. Líneas claras y limpias. Con mucho cuidado, levantó el cuadrado de papel de cinco centímetros, entintado con palabras, y lo dejó a un lado, donde se unió a decenas de otros. Algunos eran más grandes, otros más pequeños, pero todos habían sido extraídos del mismo libro. Con el tiempo, ordenaría y pegaría esos trozos en secuencia para formar otro libro mucho más corto. Pero, por ahora, eso podía esperar. El seccionamiento de este volumen acababa de empezar. Al terminar su tarea, las páginas del original estarían repletas de huecos, como ventanas cuadradas y rectangulares en una pared de papel entintado.

Todo eso ocurrió hace unos doscientos años. El cirujano del libro era el principal autor de la Declaración de Independencia y tercer presidente de los Estados Unidos, Thomas Jefferson. Y el volumen que seccionaba era la Biblia.

El libro más breve que Jefferson creó se tituló *La vida y la moral de Jesús de Nazaret*, popularmente conocido como la *Biblia de Jefferson*. Fue una Escritura hecha «cortando y pegando». Ordenó y pegó los versículos que había extraído del original para crear un Nuevo Testamento abreviado. La ausencia más notable son los milagros, incluida la resurrección. Los Evangelios terminan con Jesús aún muerto en la tumba. Jefferson, fiel a su fe deísta, rechazaba los hechos milagrosos por considerarlos contrarios a la razón. Su nuevo libro, destripado de lo sobrenatural, estaba hecho a imagen y semejanza de sus propios supuestos filosóficos. La *Biblia de Jefferson* nos habla más de Jefferson que de la Biblia.

Más allá de su interés como artefacto histórico de un hombre, la *Biblia de Jefferson* es una especie de parábola para todos nosotros. Cuenta una historia cuya lección es tan antigua como nueva. Es la historia de cuando se toman las Escrituras y se les hacen sustracciones basadas en nociones preconcebidas de lo que es aceptable y verosímil. La historia de lo que ocurre con la Palabra de Dios cuando, guiados por el espíritu de la época, nuestros dedos pulgar e índice sujetan una navaja para extraer solo aquellas creencias y prácticas que consideramos útiles en el mundo actual.

Por supuesto, no encontrarás ejemplares de la *Biblia de Jefferson* en las sillas o en los bancos de ninguna congregación. No obstante —seamos sinceros—, descubrirás su equivalente virtual. Nuestras biblias tienen versículos, capítulos y, a veces, aun libros enteros que, si se eliminaran a tijeretazos, casi no se echarían de menos. Pocos sermones se basan en ellos —si acaso los hay—. Los alumnos de la escuela dominical jamás los estudian. Las clases bíblicas no suelen ocuparse de ellos. Son aquellas partes de las Escrituras que, a menudo, nos parecen demasiado esotéricas para entenderlas o demasiado anticuadas para tener relevancia en la actualidad.

Entre estas secciones ignoradas destacan grandes partes del Antiguo Testamento, especialmente libros como Levítico. Los capítulos sobre tiendas sagradas, el culto ritual y muchos litros de sangre pertenecen a una época y una cultura tan diferentes que apenas vale la pena estudiarlos.

Después de todo, ¿para qué molestarse? ¿Qué podrían enseñarnos estos libros en la actualidad?

Resulta que podrían enseñarnos mucho más de lo que creeríamos. En general, el cuerpo del cristianismo moderno es anémico. Cantamos y hablamos de poder y de gloria, pero no tanto de la sangre del Cordero. Tenemos una marcada tendencia a espiritualizar y emocionalizar todo, como si hubiéramos olvidado que el corazón palpitante de nuestra fe es un corazón que late de verdad. Como escribe Eugene Peterson: «La materia es real. La carne es buena. Cuando la religión no está firmemente arraigada en la creación, siempre se desvía hacia algún tipo de sentimentalismo o intelectualismo sofisticado [...]. El Verbo no se convirtió en una buena idea, ni en un sentimiento numinoso, ni en una aspiración moral; el Verbo se hizo carne»[1]. La sangre, los huesos y la piel son la mismísima materia de nuestra salvación.

Suelo encontrarme con creyentes que se sorprenden —si no se ofenden— cuando hago hincapié en que Dios es un hombre de carne y sangre. Puedes tomarle el pulso y tocar sus cicatrices. Jesús no es un espíritu o un fantasma mesiánico que revolotea por el cosmos. Es divino, sin duda, pero al mismo tiempo es plena y eternamente humano. El día de su ascensión, Jesús no se despojó de su humanidad. Se la llevó consigo. Y nunca se desprenderá de ella. Cristo tiene un interés personal en nuestra salvación, ahora y siempre.

A la anémica Iglesia del Nuevo Testamento le vendría bien una transfusión de sangre del Antiguo Testamento. La terrenalidad del cielo, la humanidad de Dios, la forma en que nuestro Señor está arraigado en la materia concreta de este mundo; todo eso se acentúa con más fuerza en aquellas partes de las Escrituras que tendemos a «Jeffersonizar». En Escrituras como Levítico, Éxodo y Números encontramos cosas de arriba ancladas abajo. Tangibles. Accesibles. A una gota de sangre de distancia. Él no ata sus promesas de curación, paz y santidad a lo extraordinario, sino a lo ordinario. Se encuentra con su pueblo donde este está, acampa entre él, e incluso, una vez al año, abre la puerta de su santuario más interno. Frederick Buechner escribe: «Uno de los errores garrafales que la gente religiosa suele cometer es intentar ser más espirituales que Dios»[2]. El Antiguo Testamento nos rescata de esta espiritualización mostrándonos que el Señor no es un poder distante atrincherado en el cielo. No es «el [hombre] de arriba», sino el Dios de abajo: con las botas en el suelo, firmemente plantadas donde está su pueblo, dispuesto a servirlo y santificarlo.

Sangre violenta, mala y culpable

Este Dios en tierra, tangible y con la salvación en sus venas es precisamente el tipo de Salvador que nuestro mundo necesita. Cada día resuenan historias rivales en un mundo plagado de maldad.

En las calles, la violencia entre bandas pinta de rojo el asfalto de la ciudad. Se derrama sangre inocente en clubes nocturnos, centros comerciales, escuelas e iglesias donde los terroristas desatan el odio. No podemos encender nuestros teléfonos ni radios sin leer u oír alguna historia que implique una matanza. La tierra, que abrió su boca por primera vez para recibir la sangre de un hermano, nunca ha dejado de beber la vida de las víctimas (Gn 4:11).

Pero la sangre de la violencia no es la única historia. También hay relatos de mala sangre. Fracturas profundas entre razas, naciones, y al interior de nuestras familias. Hijos que llevan años sin hablar con sus padres. Madres que han repudiado a sus hijas. En congregaciones y denominaciones hay desavenencias que se remontan a décadas. Mala sangre, relaciones rotas.

Y también hay culpa de sangre. Algunos, por más que nos frotemos las manos, jamás borramos completamente la mancha carmesí. Solo es visible para nosotros. Como un tatuaje mal hecho, está siempre ahí, recordándonos de formas feas lo que hemos hecho. Cargamos con el peso de sangre inocente. Puede haber sido un accidente. Puede haber sido intencional. Pero, cualquiera sea la causa, el resultado es el mismo: a lo largo de la vida, la vergüenza y el remordimiento nos siguen de cerca.

Toda esta sangre. Todo este dolor. Nuestro mundo se halla impregnado del fruto de la violencia, relaciones rotas y vidas destrozadas. Es omnipresente. Es un dolor no solo personal y familiar, sino también nacional y mundial.

Podríamos suponer que un problema tan grande requiere una solución igualmente grande. Cambios legales radicales que aborden la violencia armada y el tráfico de drogas. Programas gubernamentales que aborden prejuicios raciales profundamente arraigados. Líderes nuevos con visiones nuevas de un mundo más justo y equitativo. Si tan solo pudiéramos promulgar suficientes leyes, rehabilitar a suficientes personas y poner en marcha los programas adecuados, estaríamos bien encaminados a superar estos retos.

Tal vez lo estemos. O tal vez no. Recuerda que ninguno de nuestros problemas contemporáneos es tan contemporáneo. Ningún mal, prejuicio ni dolor acaba de entrar en escena. Todas las luchas y vicios de la humanidad —sin excepción— son heridas antiguas. Nunca han cicatrizado. Y no parece probable que eso cambie. De hecho, la visión bíblica no presenta una humanidad en evolución gradual, sino en una muerte cada vez más debilitante e involutiva. Escucha la profecía poco optimista de Pablo sobre el futuro de la humanidad:

> En los últimos días vendrán tiempos difíciles. Porque los hombres serán amadores de sí mismos, avaros, jactanciosos, soberbios, blasfemos, desobedientes a los padres, ingratos, irreverentes, sin amor, implacables, calumniadores, desenfrenados, salvajes, aborrecedores de lo bueno, traidores, impetuosos, envanecidos, amadores de los placeres en vez de amadores de Dios; teniendo apariencia de piedad, pero habiendo negado su poder. (2Ti 3:1-5)

Ciertamente, Pablo no veía los últimos días como el amanecer de una humanidad nueva y mejorada, sino como el de hombres y mujeres *incurvatus in se*, como dijo Agustín: replegados sobre sí mismos, devorándose unos a otros e incluso a sí mismos[3].

Puesto que nuestra enfermedad es tan extrema, naturalmente suponemos que más vale que Dios actúe de forma asombrosa y profunda para cambiar las cosas. Pero la expectativa misma de que Dios haga una obra asombrosa y profunda es parte de nuestro problema. Queremos que Dios actúe de algún modo grandioso. Quizás produciendo un movimiento cultural, avivado por su Espíritu, que encienda la llama de la esperanza en los corazones de millones de personas. O un fenómeno político o educativo que inspire a toda una generación de jóvenes a hacer del mundo un lugar mejor.

Sin embargo, como hemos visto reiteradamente, a Jesús no le gusta lo grande y asombroso. Es el Mesías del pesebre humilde y la cruz escandalosa. Cuanta más gente vemos reunida en torno a una causa común, o cuanto más eléctrico es el ambiente, o más entusiasmo se gesta en los corazones de la gente, más esperamos que el Espíritu esté presente, efectuando un cambio milagroso. Pero ese no es el método divino. Cristo estará donde él ha prometido estar. Y ha prometido estar donde nosotros, hipnotizados por el poder y el tamaño, nunca pensaremos en buscarlo. Está instalado en lo humilde, en lo sencillo, y en lo que se pasa por alto. Y los dones que ofrece no serán de naturaleza política, cultural, moral o emocional. Nos dará la vida misma. Vida humedecida con sangre. La clase de vida que transforma nuestras vidas individuales para convertirnos en portadores de su vida en el mundo.

Vaqueros y cáncer

Cuando Jesús interactúa con las personas, trabaja de manera lenta, individual y tangible. Y la mayoría de las veces pasa completamente desapercibido, excepto para aquellos en cuya muerte Cristo derrama vida. Personas como Harvey.

Harvey y sus hijos, Randy y Rex, eran herradores de profesión. Puedes imaginarlos como los podólogos vaqueros del mundo ecuestre. Cuidaban las patas de los caballos. Viajaban en camioneta por todo Oklahoma, recortando cascos, quitando herraduras viejas y clavando nuevas. Es un trabajo duro, sucio, sudoroso y agotador —o peor, incluso, si el caballo tiene una veta rebelde—. Cuando yo era adolescente, recortaba los cascos de mi propio caballo. No me imagino haciéndolo a tiempo completo. Pero Harvey y sus hijos lo hacían, día tras día.

Hasta que llegó el cáncer.

Era el tipo de cáncer que puedes atacar con radiación o quimioterapia, tratamientos ortodoxos o no ortodoxos, y que no hace más que avanzar. Avanza con una violencia implacable, sin tener en consideración el sufrimiento del paciente. Es una especie de guerra de guerrillas, que le tiende emboscadas al cuerpo, aquí y allá, hasta que, finalmente, solo queda mirar el reloj y el calendario a la espera del inevitable final.

Cuando entré, las gruesas persianas de la sala de estar estaban bien cerradas. Harvey estaba recostado en una cama improvisada. Como buen vaquero, llevaba unos Wranglers desteñidos.

«Gracias por venir», dijo Harvey.

«Encantado de hacerlo», le dije.

«¿Tienes todo lo que necesitas?»

«Sí».

«Hagámoslo, entonces».

«Dame un segundo y empezamos».

En la mesita que había junto a la cama de Harvey puse un trozo de tela, y sobre ella coloqué una biblia, un vasito de vino y un platito de plata con un trozo de pan.

Recuerdo algunas de las cosas que le dije a Harvey aquel día. Recuerdo que leí un salmo y un pasaje de los Evangelios. Confesamos juntos nuestros pecados, puse mi mano sobre su frente y pronuncié sobre él el perdón del Señor. Dije algunas palabras para intentar animarlo y darle seguridad de la misericordia de Dios. Y, tras repetir lo que Jesús dijo a sus discípulos en el aposento alto, cogí el trozo de pan, lo acerqué a la boca de Harvey, y lo introduje, diciendo: «El cuerpo de Cristo por ti». Luego tomé el vaso de vino, se lo acerqué a los labios, y lo dejé beber, diciendo: «La sangre de Cristo por ti».

Sí, recuerdo algunas de las cosas que le dije a Harvey aquel día. Pero jamás olvidaré lo que él me dijo a mí. Luego de hacer una última oración y prepararme para marcharme, Harvey me cogió la mano, la estrechó con fuerza y dijo: «Gracias, Señor, por venir a verme».

De la boca de los niños. Y de los moribundos. No sé si he tenido un momento de mayor claridad en mi vida.

Así son las cosas en el reino de Dios. Dentro de una granja de Oklahoma, junto a un hombre a días de morir, el Señor estuvo presente no solo para hablarle, sino para tocarlo, alimentarlo, y verter en su boca el vino de la nueva creación. Fue como si yo no hubiera estado allí. Solo estaban Jesús y Harvey. Solo nuestro Padre y su hijo. Una última vez aquí en la tierra antes de que el viejo vaquero cabalgara hacia el paraíso que lo esperaba.

«Gracias, Señor, por venir a verme». Sí, Harvey, porque así es como viene. En habitaciones sombrías donde acecha el cáncer. En vidas encaminadas a un impacto con la tumba. Viene trayendo regalos llenos de vida. Regalos que podemos sentir, saborear y oler. Tesoros tangibles. Regalos pequeños llenos de una vida grande: la vida de Cristo. Una vida inextricablemente unida a la sangre de la muerte, al cuerpo de la crucifixión, a la carne misma de Dios.

El Señor vino a ver a Harvey como viene a vernos a todos: disfrazado de mendigo, con los bolsillos llenos de oro.

La vida en la sangre

Desde la casa de campo de Harvey hasta el pie del monte Sinaí hay un largo trecho, pero es allí donde comenzó realmente ese viaje. Allí fue que, durante la prolongada estancia de Israel, Yahvé nos dio gran parte de lo registrado en Éxodo, Levítico y el principio de Números. Más concretamente, fue allí que Dios reveló por qué, cuando viene a bendecirnos, curarnos y vivificarnos, parece venir siempre con sangre.

En Levítico 17:11, el Señor dice: «Porque la vida de la carne está en la sangre, y Yo se la he dado a ustedes sobre el altar para hacer expiación por sus almas. Porque es la sangre, por razón de la vida, la que hace expiación». El contexto de este versículo es vital para entender lo que Dios quiere decir. Está enunciando diversas prohibiciones relacionadas con el uso correcto e incorrecto de la sangre por parte de Israel. Sus vecinos paganos creían que era una fuerza vital que podían manipular. Como explica el estudioso del AT John Kleinig: «La sangre de un animal se bebía o, más comúnmente, se comía con su carne para obtener su poder vital, su vitalidad o salud, su virilidad y fertilidad, su energía y fuerza»[4]. A todo aquello, Dios dice rotundamente *No*. Nada de derramar sangre en sacrificio a dioses falsos (v. 7). Nada de consumir sangre para aprovechar algún tipo de poder espiritual. Por el contrario, la sangre era propiedad exclusiva de Dios, a fin de que su pueblo la utilizara únicamente como Dios mismo lo había ordenado.

Observa cuatro verdades en el versículo 11: (1) La vida no era una fuerza invisible, sino un elemento tangible: «la vida de la carne está en la sangre». (2) Esta vida líquida era un don de Dios: «Yo se la he dado a ustedes». (3) Situó esta vida en un lugar específico: «sobre el altar». Y (4) la dio por un motivo concreto: «para hacer expiación por sus almas». Todo esto es don de Dios. Él da la vida, él da el altar, él da la expiación. Los pecadores no se cortan las venas para pagar su maldad. La autoexpiación es tan imposible como el autonacimiento o la autorresurrección. El precio debe ser pagado por un sustituto. Debe derramarse la sangre de otro. Y cuando esta toca el altar de Dios, la sangre del sacrificio cubre al pueblo de Dios como un don gratuito que él les da.

El tabernáculo del Antiguo Testamento no era un matadero destinado a saciar la sed de sangre de una deidad airada. Era la casa del Padre, el lugar a donde sus hijos acudían para ser redimidos por la muerte de un sustituto. Allí, el Señor, a través de sus sacerdotes, utilizaba la sangre como una especie de detergente ritual que los limpiaba de todo delito. Por medio de sacrificios diarios y semanales, así como de ofrendas realizadas en días especiales como el Yom Kipur, el Señor perdonaba a Israel, lo santificaba, establecía la paz con él y lo mantenía cerca de sí. Y no hacía nada de esto sin sangre. Como diría más tarde Hebreos: «Y según la ley, casi todo ha de ser purificado con sangre, y sin derramamiento de sangre no hay perdón» (9:22). Podríamos atrevernos a añadir: «Sin embargo, *con* derramamiento de sangre, hay abundante perdón».

Cuanto más cómodos nos sintamos con libros como Levítico, más veremos el modo en que Dios, como hizo con Harvey, viene a vernos no en cosas intangibles, sino en cosas corpóreas y sólidas. Al fin y al cabo, él es el Creador. Hizo corderos y bueyes, hombres y mujeres, cuerpos y sangre. No se ruboriza por su creación, como si ensuciarse —o ensangrentarse— las manos estuviera por debajo de su nivel. No nos infunde la santidad quedándose en el cielo, comunicándonos la limpieza por telepatía. Para él, ni siquiera la vida es una fuerza abstracta, sino un fluido corporal. Para ver los dones de Dios, no miramos fijamente las nubes; bajamos la vista a los lugares comunes de la creación.

Cuanto más permanezcamos en el Sinaí, más preparados estaremos para el momento en que, corporeizándose en Belén, el propio Señor ponga su sello definitivo de aprobación sobre la creación. El Creador convertido en criatura. ¿Es un gran salto, que Dios pase de morar en el Lugar Santísimo a tabernacular en el vientre de María? ¿O que un Emmanuel en tienda pase a ser un Emmanuel en cuerpo? Todo el Antiguo Testamento nos prepara para la Palabra hecha carne.

La medicina de la inmortalidad

Puesto que, de manera irrevocable, el Hijo de Dios se unió no solo a esta creación, sino a nuestros propios cuerpos, su conocimiento de nuestros sufrimientos no es meramente académico. No conoce nuestros dolores como quien conoce una fórmula química. Él sabe lo que es ser uno de nosotros tal como Adán conoció a su mujer. Íntimamente. Vivencialmente. Como una sola carne. Un conocimiento que abarca el cerebro, la piel, las entrañas y el corazón. Dios sabe lo que significa ser amado y aborrecido. Ser acariciado y abofeteado. Temer por tu vida, ser rechazado por tu familia, y que se burlen y se rían de ti. Es capaz de compadecerse de nuestras debilidades porque sus músculos han estado doloridos, su corazón ha estado roto, y su piel ha sudado sangre (Heb 4:15). Comprende la tentación porque los cantos de sirena del diablo han llegado a sus oídos.

Es más, también sabe lo que es sentir vergüenza, culpa, lujuria, sed de venganza y asco. Sí, aun aquello. Porque en eso se convirtió cuando se hizo nuestro sustituto sentándose en la silla eléctrica romana. La cruz aspiró cada mancha de maldad que había en nosotros y la roció dentro de Jesús. No, él no pecó. Lo que sucedió fue peor: se convirtió en pecado. Se convirtió en el violador. Se convirtió en el traficante de drogas. Se convirtió en el pornógrafo infantil. Se convirtió en la esposa rencorosa y en el marido infiel. En el padre que no perdona y en la hija endurecida. Se convirtió en todo. Se convirtió en nosotros. Se convirtió en El Pecador. Esa es una buena noticia, pero es solo la mitad del evangelio. De nada nos sirve tener un Dios que se compadece de nosotros, y aun un Dios que ha quitado nuestros pecados, si ese mismo Dios no viene a nosotros con sus dones. Si no viene para visitar a los vaqueros con cáncer, a los adolescentes con adicciones, a las familias en caos y a las mujeres llenas de culpa, a fin de darnos, a todos y cada uno, lo que necesitamos. Y eso es lo que hace. Recorre las calles de violencia, las prisiones, los centros de rehabilitación y los dormitorios llenos de los sollozos de los desamparados. Y él, que es la encarnación misma de la esperanza, derrama esa esperanza sobre nuestros labios resecos. Gustamos y vemos que el Señor es bueno. No se limita a quitarnos las vestiduras manchadas de nuestro pasado; nos viste con el lino blanco de un futuro junto a él. Tal como lo hizo el padre con su hijo pródigo, saca la mejor túnica, nos pone un anillo en el dedo, sandalias en los pies, y en la parrilla pone un ternero gordo (Lc 15:22-23). No solamente Jesús se convirtió en nuestro pecado; nosotros nos convertimos en su justicia. El evangelio completo no consiste solamente en que Dios nos quita nuestro mal; se trata de que, a cambio, nos da algo mejor —gracia sanadora—.

Él no realiza esta curación por medio de un medicamento milagroso fabricado por una gran empresa farmacéutica. Su elíxir no puede comprarse ni venderse; no puede ser recetado por los médicos ni adquirirse sin receta. Es gratuito. Está disponible para todos. Y cada día, se lo distribuye por el mundo entero sin fanfarria alguna. La sangre del Cordero, que quita el pecado del mundo, lleva esta medicina de inmortalidad a los pecadores del mundo. En esa sangre está la vida de Dios, y él nos la ha dado en el altar de la cruz para hacer expiación por nuestras almas.

No parece gran cosa. Su envoltorio externo es sencillo. Fluye por las venas de los sermones, de las conversaciones entre amigos sobre Jesús y su amor, y se encuentra misteriosamente presente en aquel sorbo de vino que bebemos de la mesa del Señor. Sin embargo, dondequiera que va, la sangre de Jesús deja tras sí vidas cambiadas.

Su humilde poder es tal que, una vez, fue capaz de tomar a una manada de los hombres más violentos y sanguinarios de la historia humana y transformar a esos lobos en corderos.

De lobos a corderos

Henry Gerecke hizo lo que hace la mayoría de los pastores, cuando llegan a una nueva congregación: comenzó a presentarse a la gente a la que serviría. Para ellos, él era tan nuevo como ellos lo eran para él. Así que se les acercó, uno por uno, estrechó manos, se aseguró de invitar a cada persona al culto y les prometió que oraría por ellos. Todo esto, desde luego, no tenía nada de extraordinario. Lo inusual, sin embargo, era que las personas a las que ministraría habían sido responsables del peor genocidio de la historia de la humanidad.

Henry Gerecke fue capellán de los veintiún prisioneros nazis que habían formado el círculo íntimo de Adolf Hitler.

Al final de la Segunda Guerra Mundial, Gerecke solo quería volver a casa. Había crecido con padres germanoamericanos en una granja de Misuri. Tras asistir al seminario, trabajó en el sistema penitenciario de San Luis. Cuando la guerra estalló y dos de sus hijos fueron a combatir, Gerecke se presentó voluntariamente para ser capellán, aunque tenía casi cincuenta años. Su mujer llevaba dos años esperándolo en Estados Unidos. Gerecke había visto más muerte y destrucción de la que puede verse en una sola vida. Pero ahora, gracias a Dios, la carnicería había terminado. Los Aliados habían vencido. Por fin podría dejar atrás el suelo ensangrentado de Europa.

Sin embargo, los militares tenían otros planes. Necesitaban un capellán protestante bilingüe, idealmente con experiencia en ministerio penitenciario, para servir a los infames prisioneros alemanes juzgados en Nuremberg. Así que se pusieron en contacto con Gerecke. Aunque deseaba intensamente volver a casa, luego de orar por la decisión, entró en el despacho de su comandante y pronunció una palabra: «Iré»[5].

Por supuesto, la situación era desesperada. Estos hombres eran lo peor de lo peor: Rudolf Hess, lugarteniente de Hitler, quien lo había ayudado a escribir *Mein Kampf*. Hermann Goering, el sucesor que Hitler había designado a dedo. Joachim von Ribbentrop, ministro de Asuntos Exteriores del Führer. Wilhelm Keitel, su mariscal de campo general y consejero militar de confianza. Y muchos más. En manos de ellos se hallaba la sangre inocente de millones de personas. Si hubieran sido alcanzados antes, tal vez habría habido esperanza. Pero ahora eran insalvables. Irredimibles. Imperdonables. Y aun si, echando a volar mucho la imaginación, supusiéramos que quedaba alguna pizca de esperanza para alguno de estos hombres, haría falta un acto divino de inmensas proporciones para derribar el muro entre ellos y Dios.

Se había derribado el muro entre dos celdas de la prisión. Este pequeño espacio espartano era la capilla. En ella, había dos velas, un altar improvisado, bancos de madera, un pequeño órgano y un crucifijo en la pared. Cuando Gerecke celebró allí su primer servicio, no tenía ni idea de qué esperar. Pero el lugar estaba lleno. Trece prisioneros apretujados en la capilla. Trece de los hombres más odiados del mundo. Trece pecadores a los que muchos habrían arrojado gustosamente al infierno con sus propias manos. Frente a ellos había un capellán corriente. Un hombre bajo, de mediana edad, con anteojos y aspecto poco imponente. No tenía una gran visión de cómo convertir a aquellos hombres. No podía hacer milagros. Todo lo que tenía era una Biblia, un sermón, algunos himnos y una comida de pan y vino. Haría falta algo infinitamente más profundo para transformar a los lobos de Hitler en corderos de Cristo.

Eso supondríamos. Sin embargo, como suele ocurrir cuando se trata de la obra de Dios, todas nuestras suposiciones están completamente equivocadas. Mientras los meses pasaban y el mundo observaba cómo estos criminales eran juzgados, acusados, condenados y sentenciados, entre bastidores ocurría algo totalmente distinto.

Wilhelm Keitel, que antes escribía informes militares y diseñaba estrategias de ataque, ahora se sentaba todos los días en su celda a leer las Escrituras. Él y Gerecke recitaban juntos una oración en alemán que sus madres les habían enseñado de niños. Tras varios meses de estudio, Keitel le preguntó al capellán si podía recibir la cena del Señor. Y allí, arrodillado junto a su catre, este antiguo comandante militar, uno de los líderes más poderosos del mundo, confesó sus pecados. Gerecke escribiría más tarde: «De rodillas y bajo una profunda tensión emocional, [Keitel] recibió el Cuerpo y la Sangre de nuestro Salvador. […] Con lágrimas, dijo: "Me has ayudado más de lo que crees. Que Cristo, mi Salvador, esté a mi lado todo el tiempo. Lo necesitaré tanto"»[6].

Lo mismo ocurrió con otros. Tres prisioneros más, Albert Speer, Baldur von Schirach y Hans Fritzsche, confesaron las maldades que habían cometido, se arrodillaron ante el crucifijo de la capilla y recibieron de la mano del capellán la gracia tangible de Jesús[7]. Lo mismo hizo el jefe obrero nazi Fritz Sauckel, que preguntó a Gerecke cómo prepararse para la cena del Señor, oró con el capellán, leyó la Biblia e incluso llevó el catecismo al tribunal para leerlo durante el juicio[8]. No todos los hombres llegaron a ser creyentes, pero poco a poco, a través de los medios constantes y ordinarios de la predicación, la oración y la cena de Jesús, el Espíritu fue haciendo lo imposible. Salvó a los insalvables. Redimió a los irredimibles. Perdonó a los imperdonables. Todo a través de cosas pequeñas, llenas de un amor inconmensurable.

En plena noche del 16 de octubre de 1946, Gerecke caminó junto a muchos de esos mismos hombres hasta la horca. Uno de ellos era Ribbentrop. Antes de que iniciaran aquella fatídica caminata, después de haber orado juntos en su celda, Ribbentrop le dijo a su pastor que «ponía toda su confianza en la Sangre del Cordero que quita los pecados del mundo»[9]. En lo alto de la horca, momentos antes de que lo encapucharan y se abriera la trampilla que lo conduciría a la eternidad, se volvió hacia Gerecke y le dijo: «Volveré a verte»[10].

Dieciséis años más tarde, otro día de octubre, lejos de Núremberg, Alemania, Henry Gerecke sufrió un ataque al corazón y poco después murió en el hospital. Tenía sesenta y ocho años. No puedo evitar pensar que, cuando llegó al paraíso y fue recibido por el Señor al que había servido, vio a su alrededor los rostros sonrientes de los hombres que se habían vuelto de la esvástica a la cruz. Hombres de cuyos pecados el Señor ya no se acordaba. Hombres que habían lavado y blanqueado sus ropas en la sangre del Cordero. Casi puedo oírlos decir: «Bienvenido a casa, pastor Gerecke. Lo estábamos esperando».

Un océano de amor

En un mundo lleno de violencia creciente, desgarrado por ideologías raciales y dañado por la culpa de la sangre, parecería que necesitamos grandes soluciones. Sin duda, se están haciendo algunos pequeños progresos a través de individuos y grupos que trabajan en organismos gubernamentales y sociales para reparar algunos aspectos de la humanidad fracturada. Pero no es mucho lo que pueden hacer. Solo Cristo tiene en sus manos la medicina que obra la paz verdadera y duradera en los corazones de los sufrientes, los depravados, los violentos. Henry Gerecke lo sabía. Nosotros lo sabemos. Vemos la misma historia, una y otra vez, desde Génesis hasta Apocalipsis.

Tal como, el Domingo de Ramos, Jesús entró en Jerusalén humildemente, sobre el lomo de un asno, así entra en nuestras vidas, humildemente, a lomos de regalos sencillos y sin adornos, como palabras, agua, pan y vino. Cabalgó hasta la casa de Harvey para darle una medicina que curó una dolencia mucho peor que el cáncer. Cabalgó hasta las celdas de Keitel y Ribbentrop, llevando consigo el amor que curó a hombres que el mundo consideraba sin remedio. Y cabalga hasta nosotros, trayendo los mismos dones.

Dios, enraizado y situado en esta creación, utiliza los elementos de ella para llenarnos de un gozo y un alivio indescriptibles. Las uvas cultivadas en la tierra, maduras, cosechadas y fermentadas, se convierten en el receptáculo del vino del cielo. Gustamos y vemos cuán bueno es el Señor que viene a alimentarnos, y a saciar nuestra sed, dándonos de sí mismo.

Puede que sus dones no parezcan gran cosa, pero en una gota de la sangre de Jesús hay un océano de amor divino y sanador.

Preguntas de discusión

1. ¿Qué era la Biblia de Jefferson y en qué sentido es una especie de parábola para todos nosotros? ¿Qué partes de la Biblia se predican o se enseñan rara vez —o jamás— en los estudios bíblicos? ¿Por qué se las suele ignorar?

_____

_____

_____

2. Eugene Peterson escribe que «Cuando la religión no está firmemente arraigada en la creación, siempre se desvía hacia algún tipo de sentimentalismo o intelectualismo sofisticado». Expliquen qué significa eso. ¿Cómo puede la terrenalidad del Antiguo Testamento, especialmente con su enfoque en la sangre, librarnos del peligro de espiritualizar excesivamente?

_____

_____

_____

3. Lean 2 Timoteo 3:1-5. ¿Qué dice Pablo que ocurrirá con la conducta humana a medida que el mundo envejezca y se acerque a la segunda venida de Cristo? ¿Cómo se compara eso con la opinión común de que la humanidad —y la existencia mundanal en general— está mejorando y evolucionando? ¿Cuál es la solución de Cristo para nuestro mundo enfermo y en ruinas?

_____

_____

_____

4. La historia de Harvey ilustra una verdad vital. ¿Cómo nos visita Cristo hoy? ¿Qué trae consigo? ¿Qué nos da su sangre?

_____

_____

_____

5. Lean Levítico 17:11. Hablen de las cuatro (¡o más!) verdades de este versículo. ¿Qué nos enseñan Levítico y el culto en el tabernáculo sobre la forma en que el Señor viene a nosotros? ¿A través de qué cosas sólidas y corpóreas del culto de la Iglesia actual Cristo nos bendice dándonos el perdón, la vida y la salvación?

_____

_____

_____

6. Lean Hebreos 4:15, 2 Corintios 5:21 y Gálatas 3:10-14. ¿Qué nos dicen estos versículos sobre la plena participación de Cristo en nuestra humanidad y su plena aceptación de nuestro pecado? ¿De qué modo Jesús, habiendo logrado la salvación para nosotros, nos trae esa salvación aquí y ahora? ¿Cuál es la medicina de la inmortalidad?

_____

_____

_____

7. Analicen la historia de Henry Gerecke y su ministerio con los hombres de Hitler. ¿Cómo ministró este capellán a estos hombres? ¿Cómo respondieron? ¿Qué verdades profundas y reconfortantes podemos aprender del modo en que nuestro Señor utilizó el ministerio de Gerecke? ¿Qué esperanza da esto a quienes dicen que «ya no tienen remedio» o que «[su] maldad es demasiada para ser perdonada»?

_____

_____

_____

10

Glorificar a Dios no haciendo nada

Aquel día de Navidad, él no tenía ni idea de cuántas cosas serían la «última». Sería el último sermón que predicaría a aquella congregación. Sería la última vez que saldría del cálido santuario al gélido aire del mediooeste para marcharse. Sería la última vez que entraría en su casa, haría la maleta y partiría de vacaciones con su familia. Tantas cosas serían, sin saberlo, las últimas en este primer día de una vida profundamente cambiada.

Dan Chambers había sido alumno mío en el seminario. Era un tipo grande y jovial, con una veta cómica y un don para preparar una barbacoa ahumada pecaminosamente deliciosa. Luego de graduarse, se trasladó con su mujer, su hijo y su hija a Manito, Illinois, donde asumió las tareas del pastorado. A fines de 2011, tras varias semanas repletas de servicios festivos, programas para niños, y fiestas, estaba agotado. Los persistentes problemas estomacales que sufría desde hacía algún tiempo agravaban su agotamiento. Pero unas vacaciones lo rejuvenecerían. Solo necesitaba un poco de tiempo. Después de descansar y recuperarse un poco, volvería a estar bien.

Tras quince horas de viaje, pasaron frente a una señal que decía: «Bienvenidos a San Antonio, Texas». Sin embargo, en lugar de seguir conduciendo para ver a la familia, salieron de la autopista y entraron en el estacionamiento del hospital más cercano. Algo estaba ocurriendo. El dolor que Dan sentía en su abdomen se estaba haciendo insoportable. Estacionaron el automóvil y entraron rápidamente a urgencias para pedir ayuda.

Durante un año, siete meses y cuatro días, ese hospital sería el hogar de Dan.

Cirujano tras cirujano lo abrirían para tratar la infección gástrica que lo había ido envenenando lentamente. Su pronóstico llegaría a ser tan grave que, más de una vez, los médicos les dirían a su mujer y a sus hijos que se prepararan para lo peor. Dan estaría tanto tiempo en cama que se le formarían cristales endurecidos alrededor de las articulaciones de las caderas y las rodillas, lo que lo obligaría a usar silla de ruedas. Su trabajo en la iglesia se acabaría, junto con el sueldo que necesitaba para mantener a su familia. Su mujer, Karen, se las arreglaría para encontrar un nuevo lugar donde vivir, y nuevas escuelas para sus hijos. Por 580 días, el mundo de mi amigo se reduciría a una cama médica entre cuatro paredes antisépticas.

Durante el transcurso de su hospitalización, estuve muchas veces entre esas cuatro paredes, junto a aquella cama. Dan y yo orábamos y leíamos las Escrituras, pero la mayor parte del tiempo nos limitábamos a hablar. Hablábamos de su familia, de lo difícil que era ver a Karen haciendo malabarismos con tantos retos en ausencia de él. De lo lamentable que sería perderse la obra de teatro de su hija, o estar ausente cuando su hijo sacara el carné de conducir. Hablábamos de su pasatiempo, de cómo extrañaba a sus Hermanos de la Barbacoa, el grupo de hombres contra quienes había competido tantos sábados. Y hablábamos de su ministerio, de cómo su incapacidad para predicar y enseñar era un trago amargo. Aunque, pese a sus sufrimientos, Dan mantenía una visión notablemente optimista de la vida, en el fondo seguía frustrado por no poder trabajar ni realizar la labor para la que el Señor lo había equipado. Lo que había deseado era una semana de vacaciones, no un período sabático de diecinueve meses alejado de los deberes y responsabilidades que habían definido su vida como marido, padre y pastor.

Volveremos a la historia de Dan en un momento, pero antes, hablemos del trabajo, el descanso y los riesgos laborales que nos persiguen en todos los trabajos.

¿A qué te dedicas?

Cuando empezamos a conocer a alguien, una de las preguntas habituales que solemos hacerle es: «¿A qué te dedicas?». Sin embargo, es más que una pregunta cortés e inocente. Esa sola pregunta esconde un centenar de pequeñas interrogaciones tácitas: ¿Dónde trabajas? ¿En qué consiste concretamente tu trabajo? ¿Qué se te pide lograr cada día? ¿Qué tipo de formación y títulos necesitaste para obtener ese puesto? ¿Dónde te sitúa, en la escala social implícita que opera en la sociedad? ¿Es un trabajo manual, o de oficina? ¿Cómo se compara con nuestro trabajo, nuestro salario, nuestra movilidad ascendente? Y así sucesivamente. Si Gerardo dice: «Soy director de proyectos en una empresa de banca de inversión», y Tomás dice: «Trabajo a tiempo parcial en un Burger King», ¿no hacemos, en menos de un segundo, casi inconscientemente, innumerables suposiciones sobre la importancia relativa de Gerardo y Tomás en la vida?

Cuando preguntamos: «¿A qué te dedicas?», lo que realmente estamos preguntando es: «¿Hay algo extraordinario que debamos saber sobre ti?».

Es una verdad que nos avergüenza admitir, pero que revela algo sobre cómo juzgamos a las personas. Tendemos a encasillar a los demás basándonos en lo que hacen. En cuánto aportan a la sociedad. En la cantidad de dinero que ganan. Nuestras mentes tienen un sofisticado algoritmo que, cuando una persona revela su ocupación, calcula en menos de un milisegundo su importancia como ser humano. Y todo se basa en el más superficial de los criterios: lo que hacen entre las nueve y las cinco.

Nuestros trabajos, nuestra labor, son realmente un don de Dios. Aun antes de que el mal llegara al mundo, Adán era un jardinero, puesto en el Edén «para que lo cultivara y lo cuidara» (Gn 2:15). «Nada hay mejor para el hombre que disfrutar de su trabajo», dice Eclesiastés (3:22 NVI). Pablo dice a los creyentes de Tesalónica: «Trabajen con sus manos, [...] a fin de que se conduzcan honradamente para con los de afuera, y no tengan necesidad de nada» (1Ts 4:11-12). En una carta posterior a esta misma congregación, criticó a los que estaban ociosos, «sin trabajar, pero [...] metiéndose en todo» (2Ts 3:11). Les recordó lo que había dicho mientras estaba allí: «Si alguien no quiere trabajar, que tampoco coma» (v. 10). Evitando la pereza, deben «[trabajar] tranquilamente, [y comer] su propio pan», y nunca «[cansarse] de hacer el bien» (vv. 12-13). Tal como Dios trabajó seis días en su obra de creación, los hombres y las mujeres, formados a su imagen y semejanza, realizan fielmente su trabajo. Se ganan la vida. Paran la olla. Pagan las facturas. Y ayudan a los necesitados.

Sin embargo, tal como hacemos con todos los dones de Dios, tendemos a retorcer las cosas con nuestros trabajos. Tomamos estos regalos, les quitamos el envoltorio, los desarmamos, y volvemos a montar las piezas, produciendo algo semejante a una máquina que hace crecer el ego. Convertimos el trabajo en una fea herramienta para conseguir exactamente lo opuesto a lo que Dios se propuso. En lugar de que nuestros trabajos estén al servicio de nuestro prójimo con amor, los utilizamos para estar a su nivel o, si las cosas se dan como queremos, superar su nivel. El trabajo se convierte en uno de los dioses de nuestro panteón personal; un dios que podemos manipular en nuestra ambiciosa búsqueda de llegar a lo más alto, mirar por encima del hombro a los menos afortunados y coleccionar todos los juguetes que dan sentido a nuestras vidas. En lugar de considerar nuestros trabajos como una mesa para alimentar a los demás, se convierten en graneros en los que acaparamos nuestros tesoros.

Sin embargo, ¿qué ocurre cuando, como mi amigo Dan, no podemos trabajar? ¿O cuando nos lesionamos y nos vemos obligados a pasar un período de convalecencia? ¿O cuando nos despiden y nadie nos contrata? Eso corroe nuestra autoestima. Para tener importancia, debemos lograr algo, preferiblemente algo por encima de la media. Me doy cuenta de que aquí hay una profunda necesidad psicológica, pero al mismo tiempo está en juego una realidad teológica. Empezamos a pensar que Dios es como nosotros; que él también determina la importancia de un ser humano en función de lo que produce.

Así que nuestro Padre hace lo que siempre hace: interviene para salvarnos de nosotros mismos. Se pone delante de nosotros cuando nos dirigimos a construir graneros más grandes o cuando descendemos por la ladera del desaliento. Nos toma y nos coloca en la silla más cercana.

Siéntate, dice.

Pero tengo cosas que hacer.

Detente.

Pero me siento inútil cuando no logro nada.

Silencio.

Pero tengo plazos, compromisos, cuotas, sueños, aspiraciones, ambiciones.

Descansa.

Pero me quedaré rezagado con respecto a mis competidores.

Siéntate. Calla. Descansa.

Si el Espíritu tiene una tarea que realmente lo hace sudar, debe de ser la ardua tarea de lograr que no hagamos nada. Que dejemos de preocuparnos por ganar más dinero. Que dejemos de planear nuestro próximo logro. Que dejemos de preocuparnos por todo lo que debemos hacer en nuestra continua cruzada para justificarnos delante de Dios y de los demás. El Espíritu trabaja duro simplemente para que nos sentemos a los pies de Jesús, respiremos hondo y no hagamos nada excepto regocijarnos en el descanso sabático de la obra consumada de Cristo.

El día olvidado de la creación

Cuando yo era niño, mi abuelo y yo esperábamos que el sol se ocultara bajo el horizonte, luego esperábamos un poco más hasta que la oscuridad cubriera los bosques cercanos a mi casa, y salíamos. Llevando un farol, un rifle del 22 y tres perros, nos dirigíamos a los árboles. Los sabuesos solo pensaban en una cosa: los mapaches. Se volvían locos. Con la nariz pegada al suelo, zigzagueaban entre los árboles buscando el rastro que, si teníamos suerte, finalmente los llevaría a aullar triunfalmente al pie de un roble. Desde una rama, dos ojos amarillos con antifaz de bandido brillarían furiosos.

Sin embargo, eso podía tomar horas. Entre tanto, mi abuelo y yo caminábamos. Y seguíamos caminando. Subiendo y bajando colinas, cruzando arroyos fangosos y abriéndonos paso a través de la densa maleza. Mi abuelo era un hombre ágil que parecía no cansarse jamás. Yo, en cambio, correteaba resoplando, haciendo todo lo posible por seguirle el ritmo con mis piernas cortas. Más o menos cada una hora, se detenía, dejaba el farol junto a un tronco caído y decía: «Creo que necesito un descanso. Estos perros me están agotando».

Sin embargo, lo que decía no era del todo verdad. El que respiraba con dificultad era yo, no él. Pero como yo era demasiado orgulloso para quejarme de mi cansancio, mi abuelo, viendo mi necesidad, tomaba la iniciativa. Se sentaba en el tronco para que yo me pudiera sentar junto a él. Él, que no necesitaba descansar, se tomaba un descanso para que yo, que sí lo necesitaba, pudiera recuperar el aliento antes de continuar.

Se pueden aprender lecciones sobre Dios en todo tipo de lugares; aun en la profundidad del bosque, en las noches de verano, cuando un niño y su abuelo se sientan juntos, oyendo a los sabuesos aullar a lo lejos. Esta fue una lección sobre el reposo.

En el séptimo día de la creación, el Señor finalmente marcó tarjeta. Había terminado todo su trabajo. Y era bueno; muy bueno. Bendijo ese último día. Lo hizo sagrado. Y en ese séptimo día «reposó de toda la obra que Él había creado y hecho» (Gn 2:3). No estaba respirando con dificultad. No se había agotado poniendo los cimientos de la tierra, cerrando las puertas de los mares y llenando los depósitos de nieve. Simplemente había terminado. Pero aun así se detuvo, tomó asiento y descansó todo un día.

Descansó para que sus hijos Adán y Eva pudieran sentarse junto a él, tal como yo lo hacía junto a mi abuelo. Descansaron con él. Pues sabía, como solo un padre lo puede saber, que sus hijos necesitarían descansar. No podían trabajar siete días a la semana sin parar. Y si lo intentaban, olvidarían fácilmente una de las verdades fundamentales del ser humano: que tenemos limitaciones. Como escribe el erudito judío Nahum Sarna: «[El hombre] redescubre su propia dimensión muy humana, su terrenalidad, porque el *sabbat* delimita la autonomía humana»[1]. Cuando descansamos, redescubrimos nuestra dimensión humana. No somos Dios. Nuestras piernas cortas y nuestros corazones mortales solo pueden llevarnos hasta cierto punto. Y si intentamos sobrepasar ese límite, no nos volvemos más humanos, sino menos.

Una de las lecciones que hemos visto repetidamente es que Dios actúa en nuestras vidas trabajando de incógnito. Ocultándose bajo lo simple. Y al hacerlo, socava nuestras suposiciones sobre los lugares en que se lo encuentra. Lo encontramos con amigos en las bajas esferas, en desiertos inhóspitos, en santos anónimos y en la sangre del Cordero que quita el pecado del mundo. También lo encontramos descansando.

Y nos ordena que seamos imitadores. «Acuérdate del día de reposo para santificarlo», dice (Éx 20:8). El único día de la creación que Dios llamó santo es aquel en el que nos ordenó no hacer nada. En ese mandamiento está implícito que la santidad es un don, no un logro. En ese día recordamos que ser humano no significa hacer grandes cosas para Dios a fin de convertirse en santo. Significa descansar en la gran obra de Cristo, que nos hace santos y es nuestra santificación (1Co 1:30). Él ha hecho todo el trabajo para que seamos salvos, y ha librado y ganado nuestras batallas por nosotros. En Cristo, nosotros, que no hemos vencido nada solos, llegamos a ser más que vencedores (Rom. 8:37).

Cuando todos los apoyos terrenales ceden

Al igual que nuestros hermanos y hermanas israelitas, necesitamos aprender esta lección una y otra vez. Y Dios nunca les dio —ni nos ha dado a nosotros— una lección visual más memorable sobre el descanso y la entrega de nuestras batallas a él que la lección que les dio en la orilla del mar Rojo.

En una estrofa del viejo himno «La roca firme», cantamos sobre esos momentos «cuando todos los apoyos terrenales ceden»[2]. Esas seis palabras serían el epígrafe perfecto para la fotografía de Israel en Éxodo 14. A sus espaldas venía la «guerra relámpago» de Egipto, dirigida por su endurecido monarca, sediento de sangre y venganza por la muerte de sus primogénitos. Adelante, las aguas del mar lamían la orilla. Como fuera, eran hombres muertos caminando. Aquel día, todos los apoyos terrenales de Israel habían cedido.

Sin que se dieran cuenta, Dios los había llevado justo donde quería. Sin más opción que él. Sin más vías de escape que él. Cuando nos vemos rodeados de fuerzas que escapan a nuestro control, y no hay cantidad de sudor ni de inteligencia callejera que puedan rescatarnos, entonces Cristo tiene espacio para actuar. Este es el *sabbat* de la fe, en el que confiamos en que Cristo luchará cuando estemos fatigados, nos salvará mientras ronquemos, y hará todo mientras nosotros no hagamos nada excepto relajarnos y mirar.

«No teman», les dijo Moisés a los débiles israelitas. «Estén firmes y vean la salvación que el Señor hará hoy por ustedes» (Éx 14:13).

Eugene Peterson capta el sentido de lo que se dice después. «Dios librará la batalla por ustedes. ¿Y ustedes? ¡Mantengan la boca cerrada!» (v. 14, versión *The Message*).

No se pongan nerviosos. No se quejen de que fue estúpido salir de Egipto. No hagan nada. Siéntense por un momento en la playa. Dios ya se ha encargado de salvarnos. No necesita que ustedes lo ayuden. Respiren hondo. Mantengan la boca cerrada. Descansen.

¿Existe alguna posición más difícil para nosotros que esta? Nada nos aterra más que no tener el control. Entregarle todo a otro, aun si ese otro es Dios —o *especialmente* si ese otro es Dios—. Porque no se sabe lo que podría hacer. Él es el Dios cuyas acciones nos inquietan por lo descabelladas que son. Al fin y al cabo, él es el Dios que envió a Gedeón a la batalla con trompetas y antorchas, que armó a Moisés con tan solo un palo, y que, cuando llama a una persona a seguirlo, «le ordena que venga y muera», en las memorables palabras de Dietrich Bonhoeffer[3]. Por extraño que parezca, el día de la creación que más nos cuesta aceptar es el séptimo, porque ese día nos enseña que el control no está en nuestras manos. Todo depende de Dios, ese Dios que, de la nada, crea todo —incluido nuestro rescate—.

Hay una antigua leyenda judía que dice que el mar Rojo no se abrió hasta que los israelitas entraron en las aguas y vadearon hasta un punto en que «las aguas les llegaban a la nariz». Entonces, y solo entonces, las aguas se abrieron dejando aparecer la tierra seca[4]. Pero esta leyenda les da demasiado crédito a los israelitas. No salieron con valentía y fe; se quedaron allí en silencio, esperando y observando, hasta que Dios «envió sobre el mar un recio viento del este que lo hizo retroceder, convirtiéndolo en tierra seca. [Y las] aguas del mar se dividieron» (v. 21 NVI). Israel no hizo nada. Y Dios, a partir de nada, lo hizo todo por ellos.

No obstante, para usar la frase de Bonhoeffer, Dios sí les dijo que «vinieran y murieran». Nos lo dice a nosotros, en nuestras propias orillas del mar Rojo, cuando nos sentimos atrapados por fuerzas incontrolables que amenazan con deshacernos. Ven; muere a la duda y a la incredulidad. Muere a tener siempre el control. Toma la cruz de la fe y encuentra en ella la vida. Una vida llena de alegres sorpresas del Dios que aparece cuando todos los apoyos terrenales ceden y nos conduce por un camino en el mar, y por sendas en las aguas inmensas, aunque sus huellas no se vean (Sal 77:19).

Crúzate de brazos y sabe que yo soy Dios

La liberación en el mar Rojo es una especie de comentario narrativo sobre uno de los versículos más subversivos de la Biblia: «Estén quietos, y sepan que Yo soy Dios» (Sal 46:10). El verbo hebreo traducido como «Estén quietos» (NBLA) o «Cesad» (JBS) es *rafá*. Significa hundir o dejar caer algo, habitualmente las manos (p. ej., Neh 6:9 RVA-2015). Y, como hemos visto antes, «saber» (*yadá*) no es la mera captación mental de un tema, sino una participación experiencial en algo. Teniendo esto en cuenta, podríamos resumir el versículo del salmo así: «No quiero que me eches una mano ni que tomes el asunto en tus manos. Más bien, crúzate de brazos y experimenta la realidad de lo que significa que yo sea tu Dios».

Esto es aun más significativo si consideramos el resto del Salmo 46. Lejos de ser un momento de relativa calma, la tierra cede y los montes se deslizan hasta el corazón del mar. Las naciones se enfurecen y los reinos se tambalean. Todo el infierno se desata. Si alguna vez hubiera un momento para cruzarse de brazos, ciertamente no sería este. Debemos actuar. Formar un comité. Poner en marcha un plan para detener la marea del desastre. Mantener nuestras manos ocupadas 24/7 hasta encontrar el modo de lograr lo que se deba hacer. Sin embargo, el Señor trastorna nuestros planes, desbaratándolos con este versículo: «Estén quietos, y sepan que Yo soy Dios».

Sí, por supuesto, hay momentos en los que Dios nos llama a actuar. Las Escrituras están llenas de exhortaciones a defender a la viuda y al huérfano, a alimentar a los hambrientos, y a hablar por los que no tienen voz. El cristianismo no es una fe pasiva que se encoge de hombros ante el sufrimiento de los necesitados. Sin embargo, tampoco cree que el activismo es la solución a los problemas del mundo, o a nuestros problemas personales y familiares. Hay un tiempo para trabajar y un tiempo para descansar. Un tiempo para que nuestras manos hagan el bien y un tiempo para cruzarnos de brazos. No obstante, si hay una dirección que el cristianismo moderno tiende a seguir demasiado, es la del hacer. Vivimos según el credo no bíblico: «Ocúpense en algo y sepan que Dios está impresionado».

Los santos patronos del cristianismo moderno son aquellos que han alcanzado la fama por lograr grandes cosas; por no haberse quedado de brazos cruzados. Son líderes que promueven la formulación de una «visión»; que sueñan en grande, planean en grande y alcanzan grandes éxitos en diversos ministerios. Son fundadores de megaiglesias con asistentes tan numerosos que solo caben en un estadio deportivo reconvertido. También pueden ser jugadores de fútbol americano o estrellas de la música que, como cristianos famosos, son considerados modelos de conducta para los jóvenes. El vínculo común entre estas élites icónicas es que han alcanzado el equivalente espiritual del sueño americano. De este modo, para la mente moderna, esto por sí solo los inviste de autoridad sagrada, invita a la emulación, y dice: «Este tipo sí que ha hecho grandes cosas para la gloria de Dios. Ahora ve y haz tú lo mismo».

En lugar de mirar hacia arriba, a santos famosos y exitosos como estos, sería mejor mirar hacia abajo y considerar de qué manera Dios actúa en las vidas de creyentes que, en períodos de reposo sabático, han aprendido, a orillas de su propio mar Rojo, a cruzarse de brazos y experimentar la realidad de lo que significa que Dios sea su Dios — personas como mi amigo Dan Chambers—.

El evangelio no es minusválido

En una parcela esquinera de la zona oeste de San Antonio hay una casa modesta con un ahumador y una parrilla en el patio, una furgoneta especialmente equipada estacionada junto al frontis, y una rampa que conduce a la puerta principal. Luego de entrar y atravesar la sala de estar, llegas a la cocina, en cuyo costado hay una zona para sentarse. Allí encuentras a un hombre que te sonríe desde su silla de ruedas. ¿Cómo puede sonreír, te preguntarás, después de todo lo que ha atravesado? Quizás te hagas una idea cuando escuches el resto de su historia.

En agosto de 2013, tras 580 días en el hospital, por fin llegó el momento. Dan se iría a casa, aunque sería una casa que jamás había visto. Ya no podría andar. En su abdomen tenía una herida que aún no sanaba del todo. Tenía menos pelo. Pero seguía con vida. Y salía del hospital en compañía de su mujer, su hijo y su hija.

En los dos años que siguieron, Dan entró y salió de centros de rehabilitación donde los fisioterapeutas trabajaron para que recuperara la fuerza y el movimiento de sus piernas. Se hicieron algunos progresos modestos, pero en gran medida fueron avances que parecían dar un paso adelante y dos atrás. Además, regresó al hospital para someterse a varias operaciones complementarias.

Durante esos dos años, cada vez que me iba, tras una visita en su casa o en un centro médico, mi única sensación constante no era de lástima; ni siquiera de simpatía. Era de admiración. No me refiero a admiración por la dureza y la valentía de Dan —aunque tiene esas cualidades a raudales—; ni siquiera por su optimismo frente a esos retos diarios y desalentadores. Me refiero a una suerte de admiración profunda, o casi una conmoción, por el hecho de que se preocupaba más de los demás que de sí mismo. Se preocupaba por su familia. Enviaba correos electrónicos de aliento a otros creyentes. Oraba por todos los amigos que sabía que tenían alguna necesidad. Aquí había un hombre que, en unos pocos años, había sufrido más de lo que la mayoría de nosotros sufriremos en toda una vida, y sin embargo, las primeras palabras que salían de su boca eran siempre «¿Cómo estás?», y no «Ay de mí».

El hecho de que tengas este libro en tus manos se debe en gran parte a él. Por varios años, yo había renunciado a escribir. Cuando Dan y yo nos conocimos, yo era un profesor que colaboraba regularmente en revistas y periódicos y estaba escribiendo un libro académico. En los años posteriores a la implosión de mi carrera y mi matrimonio, encerré mi pluma en una caja de miedo. Ya no volvería a escribir. De todos modos, mi reputación estaba dañada. Era un completo fracaso sin más palabras que aportar. Dan me veía de un modo distinto a como yo me veía a mí mismo. Me miraba con ojos de gracia. Ni una sola vez, en nuestras muchas conversaciones, indagó o desenterró mis pecados pasados. Ni una sola vez me trató como algo distinto a un hermano amado y perdonado. Y un sábado por la tarde, mientras hablábamos en su habitación del hospital, me dijo, con la autoridad de un hombre que no puede ser ignorado, que ya era hora de abrir esa caja de miedo, sacar la pluma y volver a trabajar.

Como puedes ver, lo hice.

El 29 de noviembre de 2015, casi cuatro años después de que Dan predicara su último sermón en Illinois, mi familia y yo condujimos en dirección al este de San Antonio. Pasamos por la ciudad de Seguin y tomamos carreteras secundarias hasta llegar a una comunidad rural llamada Kingsbury. A las afueras de la ciudad nos detuvimos en el estacionamiento de gravilla de una pequeña iglesia. Afuera había un hombre con sombrero de vaquero, estrechando manos y ofreciendo a todos la famosa hospitalidad sureña. Uno de los ancianos nos saludó cordialmente al entrar y nos condujo a un banco. El órgano terminó su preludio. Era hora de que empezara el servicio.

Sin embargo, este no era un servicio ordinario. Se abrió una puerta y apareció un hombre en silla de ruedas. Llevaba una túnica blanca. Sonreía. Hablaba con una voz sólida. Era el nuevo pastor asistente de este pequeño y fiel rebaño del Buen Pastor. Aquí se hallaba un hombre plenamente instruido en la teología de la cruz, que había aprendido a estar quieto sabiendo que Dios es Dios, y que reconocía las limitaciones de su condición humana. Aquí estaba Dan Chambers, listo para ser oficialmente recibido e instalado como pastor de la Iglesia Luterana de los Evangelistas.

No sé tú, pero cuando quiero admirar a alguien que ha aprendido lo que significa sentarse a los pies de Jesús, no levanto mi vista hacia los famosos, los icónicos o los hiperexitosos. Miro hacia abajo, a los creyentes humildes y quebrantados como mi amigo Dan, que han descubierto, en sus deficiencias y limitaciones, al Espíritu del Dios que los llena de la plenitud de la gracia en Aquel que encarna el reposo sabático.

Vengan a mí

«Vengan a Mí», dice Jesús, «todos los que están cansados y cargados, y Yo los haré descansar. Tomen Mi yugo sobre ustedes y aprendan de Mí, que Yo soy manso y humilde de corazón, y hallarán descanso para sus almas. Porque Mi yugo es fácil y Mi carga ligera» (Mt 11:28-30).

Vengan a mí todos los que trabajan bajo la pesada carga de intentar justificar su existencia superando a todos los demás, y yo seré su reposo sabático. Les daré la paz que sobrepasa todo entendimiento; la paz de saber que, en mí, su lucha ha terminado, su iniquidad ha sido perdonada y han recibido de la mano del Señor el doble de gracia por todos sus pecados (Is 40:2).

Vengan a mí todos los que soportan la pesada carga de intentar satisfacer las exigencias de mayor tamaño, calidad y audacia por parte de una sociedad que define la autoestima por los logros, y yo seré su reposo sabático. Les mostraré que los mansos heredarán la tierra, los últimos serán los primeros y los humildes serán ensalzados.

Vengan a mí todos los que se sienten atrapados en las orillas del mar Rojo, los que piensan que su vida ha llegado a su fin, los que no ven ninguna salida, y yo seré su reposo sabático. Abriré un camino a través del mar, les devolveré la esperanza y les demostraré que nadie es más valioso e importante para mí que ustedes.

Vengan a mí todos ustedes, santos anónimos, los olvidados que han caído por entre las grietas del mundo, sintiéndose invisibles, y yo seré su reposo sabático. Porque los conozco por su nombre, he puesto mi nombre sobre ustedes, y ruego por ustedes mencionando sus nombres ante el trono de mi Padre.

Vengan a mí, los de arriba y los de abajo, populares e impopulares, educados e incultos, todos y cada uno, y yo seré su reposo sabático. Estoy oculto, pero estoy plenamente presente en el mundo. Soy glorioso, pero humilde de corazón. Y en mi corazón hay espacio más que suficiente para el mundo.

Preguntas de discusión

1. Lean Génesis 2:15, Eclesiastés 3:22, 1 Tesalonicenses 4:9-12 y 2 Tesalonicenses 3:11-12. En conjunto, ¿qué nos dicen estos versículos sobre el trabajo? ¿Es el trabajo un regalo de Dios, o es el resultado de la caída en el pecado?

_____

_____

_____

2. Piensen en conversaciones que hayan tenido con alguien sobre la manera en que ambos se ganan la vida. ¿Qué tipo de suposiciones y prejuicios suelen salir a la luz durante esas conversaciones? ¿Qué nos dice esto sobre nosotros mismos? ¿Por qué hacemos tanto hincapié en el trabajo de alguien, como si ese hecho definiera quién es como persona?

_____

_____

_____

3. Analicen esta cita: «Si el Espíritu tiene una tarea que realmente lo hace sudar, debe de ser la ardua tarea de lograr que no hagamos nada». ¿Qué significa esto? ¿Por qué nos resulta tan difícil dejar de producir dinero, hacer planes, y hacer cosas?

_____

_____

_____

4. Lean Génesis 2:1-3 y Éxodo 20:8-11. ¿Qué hizo que el séptimo día fuera especial? ¿De qué manera el día de reposo del Antiguo Testamento ayudaba a las personas a redescubrir su dimensión humana y a limitar su autonomía? ¿De qué manera el reposo hace lo mismo por nosotros hoy?

_____

_____

_____

5. Lean Éxodo 14:1-14. ¿Por qué el Señor llevó a los israelitas a un lugar en el que no tenían opciones? ¿Por qué no nos gusta despojarnos del control de las situaciones en las que nos encontramos? ¿Cómo actúa Cristo en aquellas situaciones en las que todos los apoyos terrenales ceden?

_____

_____

_____

6. Lean el Salmo 46. ¿Qué está ocurriendo en este salmo? ¿Qué tipo de lenguaje se utiliza para describir la desintegración de la creación? Considerando este contexto, ¿por qué es tan notable el versículo 10? ¿De qué modo logramos, como cristianos, el equilibrio entre estar activos y quietos?

_____

_____

_____

7. ¿Conoces a alguien como Dan Chambers, que haya aprendido lo que significa sentarse a los pies de Jesús? ¿Qué podemos aprender de esas personas y de su ejemplo?

_____

_____

_____

8. Lean Mateo 11:28-30. Basándose en esas palabras, describan qué clase de Salvador tenemos en Jesús. ¿De qué manera él es nuestro descanso sabático?

_____

_____

_____

Notas

Capítulo 1 Dios oculto a plena vista

1. En su excelente libro *Ordinary: Sustainable Faith in a Radical, Restless World*, Michael Horton dedica el capítulo 5 a analizar cómo la ambición pasó de ser un vicio a una virtud (Grand Rapids: Zondervan, 2014), 87-103.

2. Brennan Manning, *Abba's Child: The Cry of the Heart for Intimate Belonging* (Colorado Springs: NavPress, 2015), prefacio a la edición de 2002, xvii.

3. Thomas Hobbes, *Leviathan*, vol. 23 de *Great Books of the Western World*, ed. Robert M. Hutchins (Chicago: Universidad de Chicago, 1952), 85.

4. Manning, *Abba's Child*, xvii.

Capítulo 2 Amigos en las bajas esferas

1. Por esta idea estoy en deuda con A. J. Swoboda, que habla del asombro de Jesús en *A Glorious Dark: Finding God in the Tension between Belief and Experience* (Grand Rapids: Baker, 2015), 177.

Capítulo 3 Sitios frecuentados desolados

1. Robert Capon, *Kingdom, Grace, Judgment: Paradox, Outrage, and Vindication in the Parables of Jesus* (Grand Rapids: Eerdmans, 2002), 452.

2. Tikhon Shevkunov, *Everyday Saints and Other Stories*, trad. Julian H. Lowenfeld (Dallas: Pokrov Publications: 2012), capítulo sobre el «Padre Gabriel».

3. Ibid.

Capítulo 4 Un cazatalentos poco ortodoxo

1. Nadia Bolz-Weber, *Accidental Saints: Finding God in All the Wrong People* (New York: Convergent Books: 2015), 39.

2. John Kleinig, *Grace Upon Grace: Spirituality for Today* (St. Louis: Concordia Publishing House, 2008), 63-64.

Capítulo 5 Una navaja en medio de un tiroteo

1. Citado por Jean Danielou, S. J., *The Bible and the Liturgy* (Notre Dame: University of Notre Dame Press, 1956), 41.

2. En la Iglesia existen, por supuesto, diversas enseñanzas sobre el bautismo. Algunos entienden que este versículo se refiere al bautismo espiritual, otros al bautismo en agua. En lugar de considerarlos mutuamente excluyentes, aquí encaja bien una inclusión de ambos. El bautismo en agua es el bautismo del Espíritu. Este actúa en el agua, con su Palabra, para unirnos a Cristo y a su obra salvadora.

3. William H. C. Propp llama a las varas de Moisés y Aarón las «proyecciones en el plano terrestre del brazo incorpóreo de Yahvé» en su comentario *Exodus 1–18: A New Translation with Introduction and Commentary*, vol. 2 de *The Anchor Bible* (New York: Doubleday, 1998), 229.

4. R. J. Grunewald, *Reading Romans with Luther* (St. Louis: Concordia Publishing House, 2016), 35.

5. Tish Harrison Warren, *Liturgy of the Ordinary: Sacred Practices in Everyday Life* (Downers Grove, IL: IVP Books, 2016), 19.

Capítulo 6 Los santos Juan y Juana Pérez

1. Henri J. M. Nouwen, *Life of the Beloved: Spiritual Living in a Secular World* (New York: The Crossroad Publishing Company, 2002), 33.

Capítulo 7 Una Iglesia poco sexy

1. En español la frase ha sido traducida como «He adquirido varón con la ayuda del SEÑOR» (NBLA), «He adquirido un varón de parte del SEÑOR Dios» (RVA-2015), o «Por la voluntad del Señor he adquirido un varón» (RVC). La partícula hebrea *et*, que se antepone a «el SEÑOR», puede marcar el acusativo definido o significar «con» o «junto con». El estudioso del AT Walter C. Kaiser Jr. escribe: «Quizás Eva pensó que Caín era [ese descendiente varón prometido en Gn 3:15]. Llamó a su hijo Caín diciendo que había "adquirido un varón, el Señor" (Gn 4:1); al menos, esa es una forma de interpretar esta enigmática frase». *Toward an Old Testament Theology* (Grand Rapids: Zondervan, 1978), 79.

2. C. S. Lewis, *The Screwtape Letters* (New York: Macmillan, 1961), 116.

3. Ibid., 119.

4. Jen Pollock Michel, *Teach Us to Want: Longing, Ambition and the Life of Faith* (Downers Grove, IL: IVP Books, 2014), 64.

5. James K. A. Smith, *You Are What You Love: The Spiritual Power of Habit* (Grand Rapids: Brazos Press, 2016), 67.

6. Ibid., 23.

7. Michael Horton, *Ordinary: Sustainable Faith in a Radical, Restless World* (Grand Rapids: Zondervan, 2014), 35.

8. Kate Hankey, William G. Fischer, «I Love to Tell the Story», 1866, 1869.

9. Martin Luther, *Lectures on Genesis: Chapters 6–14*, vol. 2 of *Luther's Works*, American edition (St. Louis: Concordia Publishing House, 1960), 334.

10. Ibid.

Capítulo 8 Aprender sobre Dios en el aula del diablo

1. «Love Comes from the Other Side of Town», *Does Fort Worth Ever Cross Your Mind*, MCA Records, 1984.

2. Citado por John Kleinig en «Oratio, Meditatio, Tentatio: What Makes a Theologian?», *Concordia Theological Quarterly* 66/2 (2002), 255-67, cursivas añadidas.

3. Chad Bird, *Night Driving: Notes from a Prodigal Soul* (Grand Rapids: Eerdmans, 2017).

4. Johnson Oatman Jr., «Count Your Blessings», 1897. (En español, este himno se conoce a veces como «Cuando combatido por la adversidad» — N. del T.).

5. C. S. Lewis, «Answers to Questions on Christianity», *God in the Dock* (New York: HarperOne, 2014), 58.

Capítulo 9 Vida en la sangre

1. Eugene H. Peterson, *The Contemplative Pastor: Returning to the Art of Spiritual Direction*, vol. 17 en The Leadership Library (Carol Stream, IL: Word Publishing, 1989), 77.

2. Frederick Buechner, *Wishful Thinking: A Theological ABC* (New York: Harper and Row, 1973), 43.

3. Para un análisis profundo del significado y el origen de la frase *incurvatus in se*, junto con sus manifestaciones populares en la vida

moderna, véase Heather Choate Davis, *Man Turned In On Himself: Understanding Sin in 21st-Century America* (Icktank Press, 2014).

4. John Kleinig, *Leviticus*, vol. 2 en *Concordia Commentary* (St. Louis: Concordia Publishing House, 2003), 365.

5. Por las citas y los antecedentes sobre Gerecke, estoy en deuda con Tim Townsend, que documenta la historia en *Mission at Nuremberg: An American Army Chaplain and the Trial of the Nazis* (New York: HarperCollins, 2014), 105. Véase también F. T. Grossmith, *The Cross and the Swastika* (Boise, ID: Pacific Press Publishing Association, 1984).

6. Townsend, *Mission at Nuremberg*, 11.

7. Ibid., 181.

8. Ibid., 174.

9. Ibid., 271.

10. Ibid., 272.

Capítulo 10 Glorificar a Dios no haciendo nada

1. Nahum Sarna, *Genesis*, vol. 1 de *The JPS Torah Commentary* (Philadelphia: The Jewish Publication Society, 1989), 15.

2. Edward Mote, «My Hope Is Built on Nothing Less», 1834. («La roca firme» es el título de la versión en español interpretada por Crystal Lewis. También se conoce como «Por la justicia de Jesús» y «Mi esperanza firme está» — N. del T.).

3. Dietrich Bonhoeffer, *The Cost of Discipleship* (New York: Collier Books, 1963), 99.

4. Hayim N. Bialik y Yehoshua H. Ravnitzky, eds., *The Book of Legends*, trad. William G. Braude (New York: Schocken Books, 1992), 73.

Índice de materias

Índice de textos bíblicos

Chad Bird es Académico Residente en la organización 1517. Tiene maestrías del Seminario Teológico Concordia y del Hebrew Union College. Ha sido pastor, profesor y conferenciante invitado en las áreas de Antiguo Testamento y Hebreo. Chad es autor de varios libros, habla regularmente en conferencias e iglesias, y es copresentador del popular pódcast «40 Minutes in the Old Testament» [40 minutos en el Antiguo Testamento]. Chad y su esposa Stacy viven en Texas, donde han sido bendecidos con cuatro hijos y tres nietos.